글로북스

소중한 사람앞에 놓아주고 싶은

한국의 애송시

이정미 엮음

글로북스

차례

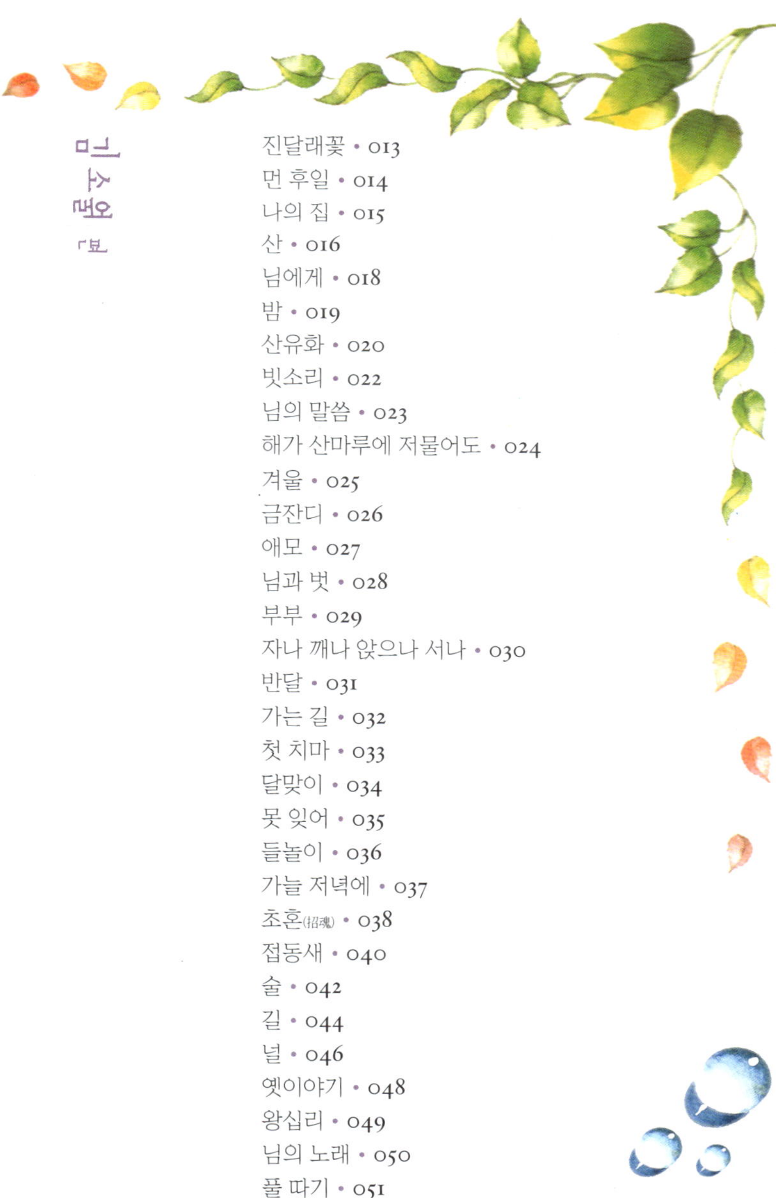

김소월 편

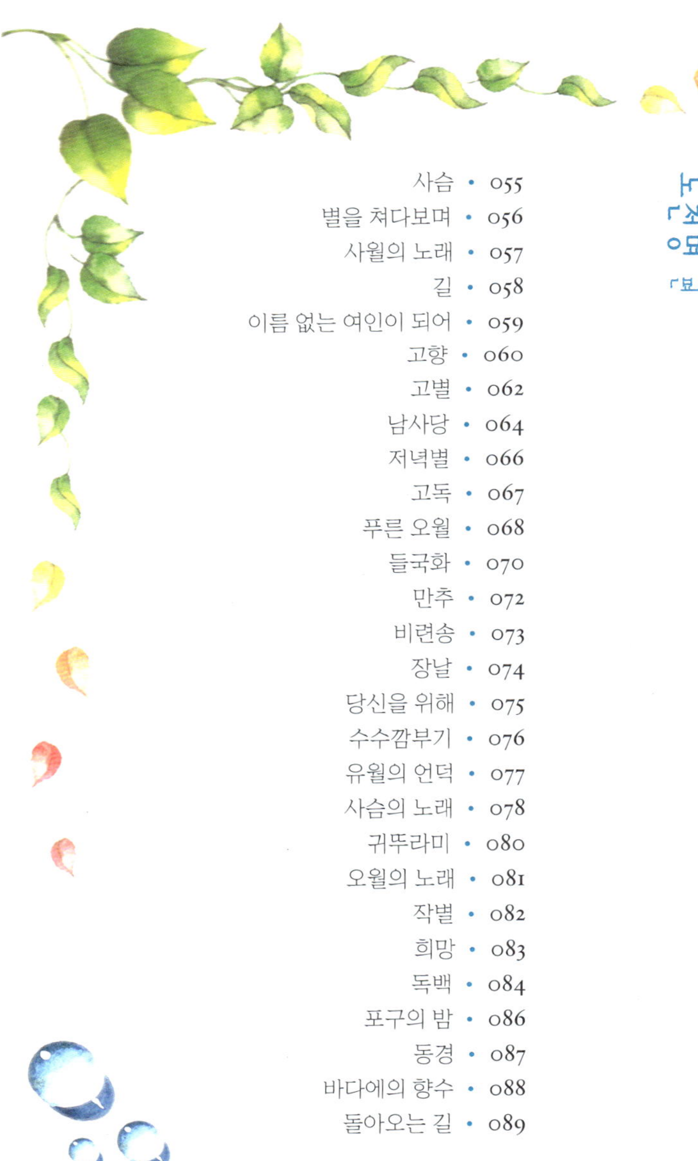

노천명 편

윤동주 「별

이육사 편

「님의 침묵」

김소월 편

김소월(金素月, 1902~1934)

김소월 하면 〈진달래꽃〉을 쓴 우리나라 현대시를 대표하는 작가라고 할 수 있다. 그의 본명은 김정식으로 1920년 〈창조〉에 시 〈낭인의 봄〉 등을 발표하면서부터 작품 활동을 시작하였다. 여성적인 어조로 님을 잃은 여인의 슬픔을 나타내고 있는 천재 시인 김소월. 그의 인생은 짧았지만 그가 쓴 시는 몇 십년이 지난 지금도 국경을 뛰어넘어 수많은 사람들로부터 사랑을 받고 있다. 시집으로 〈진달래꽃〉, 〈소월시초〉, 〈결정판 소월시집〉, 〈완본 소월시집〉 등이 있다.

진달래꽃

나 보기가 역겨워
가실 때에는
말없이 고이 보내 드리오리다.

영변에 약산
진달래꽃
아름 따다 가실 길에 뿌리오리다.

가시는 걸음걸음
놓인 그 꽃을
사뿐히 즈려 밟고 가시옵소서.

나 보기가 역겨워
가실 때에는
죽어도 아니 눈물 흘리오리다.

1922년 〈개벽〉 지에 발표된 소월의 대표작으로 고려 가요 [가시리]와 접맥되어 있다. 님과의 이별의 한을 전통적 정서로 표현하고, 똑같은 말을 반복 사용함으로써 청각적 리듬 감각을 살린 작품이다. 사랑하는 이와의 이별의 정한을 체념으로 정화시킨 유교적 휴머니즘이 기본 바탕이 된 이 시의 주제는 '이별의 설움과 한'이다.

먼 후일

먼 후일 당신이 찾으시면
그때에 내 말이 "잊었노라"

당신이 속으로 나무라면
"무척 그리다가 잊었노라"

그래도 당신이 나무라면
"믿기지 않아서 잊었노라"

오늘도 어제도 아니 잊고
먼 훗날 그때에 "잊었노라"

오산중학교 시절에 쓴 작품으로 〈학생계〉 1호(1920. 7)에 발표된 시이다. 반복법과 대화법을 사용함으로써 이 시를 한층 더 격상시키고 있다. 임과 이별의 한을 전통적인 정서로 표현하였고 '잊었노라'의 반복으로 청각적 리듬 감각을 살리고 있다. 주제는 '이별의 설움과 한'이다.

나의 집

들가에 떨어져 나가 앉은 *메기슭의
넓은 바다의 물가 뒤에
나는 지으리, 나의 집을
　다시금 큰길을 앞에다 두고
　길로 지나가는 그 사람들은
　제가끔 떨어져서 혼자 가는 길
　　하이얀 여울턱에 날은 저물 때
　　나는 문간에 서서 기다리리
　　새벽 새가 울며 지새는 그늘로
　　세상은 희게 또는 고요하게
　　　반짝이며 오는 아침부터
　　　지나가는 길손을 눈여겨보며
　　　*그대인가고, 그대인가고.

*메기슭 : 산기슭.　　*그대인가고 : '그대인가 하고'를 줄인 말.

서정적 자아가 바라는 그 세계는 현실적인 삶의 고통과 슬픔이 사라진 개벽한 후천세상일 수도 있고, 조국 광복의 비원이 현실적으로 구현된 독립한 민족국가일 수도 있다. 어쨌든 이 시에는 기다림의 철학이 깃들어져 있다.

산

산새도 오리나무
위에서 운다
산새는 왜 우노, *시메 산골
영 넘어갈려고 그래서 울지.

눈은 내리네 와서 덮이네
오늘도 하룻길은
칠팔십 리
돌아서서 육십 리는 가기도 했소.

*불귀 불귀 다시 불귀
삼수갑산에 다시 불귀
사나이 속이라 잊으련만
십오 년 정분을 못 잊겠네.

산에는 오는 눈, 들에는 녹는 눈
산새도 오리나무
위에서 운다
삼수갑산 가는 길은 고개의 길.

* 시메 : 깊은 산골 지방.
* 불귀(不歸) : 다시 돌아올 수 없다는 뜻. 또는 죽음을 의미.

이 시는 고개를 넘어야 하기 때문에 깊은 산 속으로 날아가지 못하는 산새와, 한번 가면 다시는 돌아올 수 없는 삼수갑산이기에 지나온 세월의 정을 떨쳐 버리지 못하는 주인공의 심정이 합치되어 나타나 있다. 그리고 자연에 대한 동경과 현실생활에 대한 미련이 어우러져 화자가 겪는 내면의 갈등을 이룬다. 주제는 '임을 만나지 못하는 정한과 비애' 이다.

님에게

한때는 많은 날을 당신 생각에
밤까지 새운 일도 없지 않지만
아직도 때마다는 당신 생각에
차가운 베갯가의 꿈은 있지만

낯모를 딴 세상의 네 길거리에
애달피 날 저무는 갓 스물이요
캄캄한 어두운 밤 들에 헤매도
당신은 잊어버린 설움이외다.

당신을 생각하면 지금이라도
비 오는 모래밭에 오는 눈물의
축 업은 베겟가의 꿈은 있지만
당신은 잊어버린 설움이외다.

밤

홀로 잠들기가 참말 외로워요.
밤에는 사무치도록 그리워 와요.
이리도 무던히
아주 얼굴조차 잊힐 듯해요.

벌써 해가 지고 어둡는데요.
이곳은 인천에 제물포, 이름난 곳,
부슬부슬 오는 비에 밤이 더디고
바닷바람이 춥기만 합니다.

다만 고요히 누워 들으면
다만 고요히 누워 들으면
하이얗게 밀려드는 봄 밀물이
눈앞을 가로막고 흐느낄 뿐이야요.

산유화

산에는 꽃 피네
꽃이 피네
갈 봄 여름 없이
꽃이 피네.

산에
산에
피는 꽃은
저만치 혼자서 피어 있네.

산에서 우는 작은 새여
꽃이 좋아
산에서
사노라네.

산에는 꽃 지네
꽃이 지네
갈 봄 여름 없이
꽃이 지네.

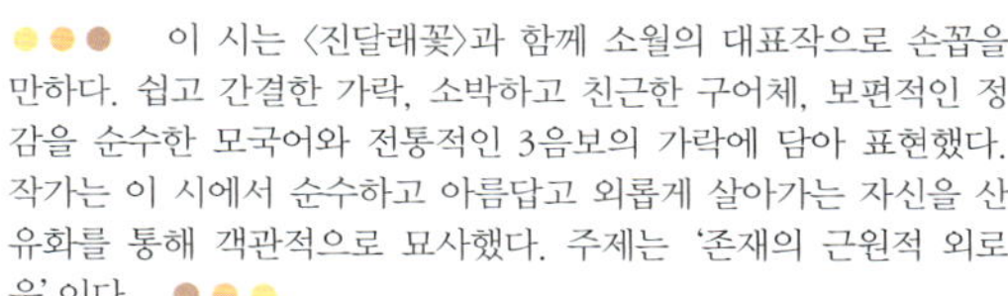

이 시는 〈진달래꽃〉과 함께 소월의 대표작으로 손꼽을 만하다. 쉽고 간결한 가락, 소박하고 친근한 구어체, 보편적인 정감을 순수한 모국어와 전통적인 3음보의 가락에 담아 표현했다. 작가는 이 시에서 순수하고 아름답고 외롭게 살아가는 자신을 산유화를 통해 객관적으로 묘사했다. 주제는 '존재의 근원적 외로움' 이다.

빗소리

수수수수수수수……쑤
수수수수……쑤……
밤 깊도록 무심히 누워
비 오는 소리 들어라.

아깝지도 않은 몸이라 세상사 이렇고,
오직 뜻하나니 나에게 뉘우침과 발원이
아, 이미 더럽힌 심령을
깨끗하게 하고저 나날이 한 가지씩이라도.

뚝 뚝 뚝……뚝 뚝
비와 한가지로 쇠진한 맘이어 들어앉은
몸에는 다만 비 듣는 이 소리가 굵은
눈물과 달지 않아.

끊일 줄을 몰라라, 부드러운 중에도.
하 몰라라 인정은 불붙는 것 젊음,
하룻밤 맺은 꿈이면 오직 사람 되는 제 길을!
수수수수 수수……쑤
이읏고 비는 다시 내리기 시작할 때.

님의 말씀

세월이 물과 같이 흐른 두 달은
길어둔 독엣 물도 찌었지마는
가면서 함께 가자 하던 말씀은
살아서 살을 맞는 표적이외다.

봄풀은 봄이 되면 돋아나지만
나무는 밑그루를 꺾은 셈이요,
새라면 두 죽지가 상한 셈이라
내 몸에 꽃 필 날은 다시 없구나.

밤마다 닭소리라 날이 첫 시時면
당신의 넋맞이로 나가 볼 때요,
그믐에 지는 달이 산에 걸리면
당신의 길신가리 차릴 때외다.

세월은 물과 같이 흘러가지만
가면서 함께 가자 하던 말씀은
당신을 아주 잊은 말씀이지만
죽기 전 또 못 잊을 말씀이외다.

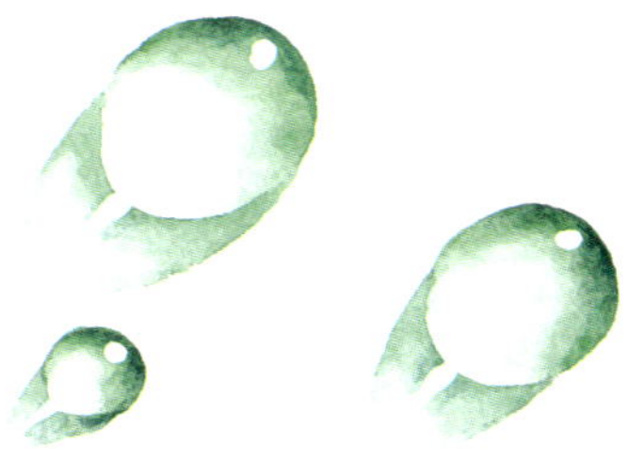

해가 산마루에 저물어도

해가 산마루에 저물어도
내게 두고는 당신 때문에 저뭅니다.

해가 산마루에 올라와도
내게 두고는 당신 때문에 밝은 아침이라고 할 것입니다.

땅이 꺼져도 하늘이 무너져도
내게 두고는 끝까지 모두 다 당신 때문에 있습니다.

다시는, 나의 이러한 맘뿐은, 때가 되면,
그림자같이 당신한테로 가오리다.

오오, 나의 애인이었던 당신이여.

겨울

뼈만 남은 두 팔을 높이 내들고
나무는 부들부들 떨면서 우네.
헐벗은 신세만도 억울타 하련
바람조차 이다지 악착하다고,

나무의 설은 정상情狀 어루만지며
포근포근 흰자리 깔아 놓으며
눈은 오네 내리네 고이 쌓이네.
하늘은 자장자장 잠들라 하네.

눈이불에 덮여서 나무는 자네.
명일明日의 새 희망을 가슴에 안고
악착스런 겨울을 맘으로 울며.

세상은 고요하고 바람만 부네
채찍 끝에 생명이 죽을 것이랴.
새봄일제 파랗게 싹트는 것을.

금잔디

잔디
잔디
금잔디
심심산천에 붙은 불은
가신 님 무덤가에 금잔디.
봄이 왔네, 봄빛이 왔네.
버드나무 끝에도 실가지에도.
봄빛이 왔네, 봄날이 왔네.
심심산천에도 금잔디에.

이 시는 1922년 1월 〈개벽〉 지에 발표된 작품이다. 이별의 운명을 고스란히 받아들여 평생을 가신 님의 무덤이나 돌아보며 외롭게 살아가는 사람에게 있어 봄은 견딜 수 없는 계절일 것이다. 깨끗하고 뜨겁고 아름다운 사랑을 태우고 먼저 간 님에 대한 애틋한 감정을 자아내는 이 시의 주제는 '이별의 슬픔' 이다.

애모

왜 아니 오시나요.
영창에는 달빛, 매화꽃이
그림자는 산란히 휘젓는데
아이, 눈 깍 감고 요대로 잠을 들자.

저 멀리 들리는 것!
봄철의 밀물 소리
물나라의 영롱한 구중궁궐, 궁궐의 오요한 곳,
잠 못 드는 용녀의 춤과 노래, 봄철의 밀물 소리.

어두운 가슴속의 구석구석……
환연한 거울 속에, 봄 구름 잠긴 곳에,
소슬비 내리며, 달무리 둘려라.
이대도록 왜 아니 오시나요, 왜 아니 오시나요.

님과 벗

벗은 설움에서 반갑고
님은 사랑에서 좋아라.
딸기꽃 피어서 향기로운 때를
고초의 붉은 열매 익어가는 밤을
그대여 부어라 나는 마시리.

이 시에서 '딸기꽃'과 '고초(苦椒)'는 재미있는 성적 상징을 보여준다. 딸기는 딸아기로, 고초는 남자아이를 뜻하는 고추로 읽힌다. 딸기는 음(音)의 유사성을, 고초는 생김새의 유사성을 통해 흥미로운 성적 대상으로 바뀌고 있다. 이렇게 본다면, 딸기꽃이 피는 때와 고추의 붉은 열매가 익어가는 밤이란, 임과 동침할 때이거나 은밀하게 사랑을 속삭이던 때를 의미한다고 할 수 있지 않을까? 민요 시인으로서의 김소월의 면모가 이 시의 기저에 흐르고 있는 셈이다.

부부

오오 아내여, 나의 사랑!
하늘이 묶어 준 짝이라고
믿고 삶이 마땅치 아니한가.
아직 다시 그러랴, 안 그러랴?
이상하고 별나운 사람의 맘,
저 몰라라, 참인지 거짓인지.
정분으로 얽은 딴 두 몸이라면,
서로 어그점인들 또 있으랴.
한평생이라도 반백 년
못 사는 이 인생에!
연분의 긴 실이 그 무엇이랴.
나는 말하려노라, 아무러나,
죽어서도 한 곳에 묻히더라.

자나 깨나 앉으나 서나

자나 깨나 앉으나 서나
그림자 같은 벗 하나이 내게 있었습니다.

그러나 우리는 얼마나 많은 세월을
쓸데없는 괴로움으로만 보내었겠습니까!

오늘은 또 다시, 당신의 가슴속, 속 모를 곳을
울면서 나는 휘저어 버리고 떠납니다그려.

허수한 맘, 둘 곳 없는 심사에 쓰라린 가슴은
그것이 사랑, 사랑이던 줄이 아니도 잊힙니다.

반달

희멀끔하여 떠돈다, 하늘 위에,
빛 죽은 반달이 언제 올랐나!
바람은 나온다, 저녁은 춥구나,
흰 물가엔 뚜렷이 해가 드누나.

어두컴컴한 풀 없는 들은
찬 안개 위로 떠 흐른다.
아, 겨울은 깊었다, 내 몸에는,
가슴이 무너져 내려앉는 이 설움아!

가는 님의 가슴에 사랑까지 없애고 가고
젊음은 늙음으로 바뀌어 든다.
들 가시나무의 밤 드는 검은 가지
잎새들만 저녁빛에 희끄무레 꽃 지듯 한다.

가는 길

그립다
말을 할까
하니 그리워.

그냥 갈까
그래도
다시 더 한번……

저 산에도 까마귀, 들에 까마귀
서산에는 해 진다고
지저귑니다.

앞 강물 뒷 강물
흐르는 물은
어서 따라오라고 따라가자고
흘러도 연달아 흐릅디다려.

본래의 제목은 '사욕절(思欲絕)'로 소월의 대표작 가운데 하나이다. 이별한 임 생각이 나더라도 세상이 바뀌고 세월만 가면 잊으리라는 내용이다. 그러나 못 잊는 임 생각 때문에 못 잊는데 어떻게 임 생각을 버릴 수 있는가라는 도치법을 사용함으로써 시 전편에 짙은 그리움을 더해 주고 있다. 주제는 '이별의 아쉬움과 그리움'이다.

첫 치마

봄은 가나니 저문 날에,
꽃은 지나니 저문 봄에,
속없이 우나니 지는 꽃을,
속없이 느끼나니 가는 봄을.
꽃 지고 잎 진 가지를 잡고
미친 듯 우나니 *집난이는
해 다 지고 저문 봄에
허리에도 감은 첫 치마를
눈물로 *함빡이 쥐어짜며
속없이 우노나, 지는 꽃을,
속없이 느끼노나, 가는 봄을.

*집난이 : 시집간 딸.

*함빡이 : 함빡. 흠빡의 작은 말.

달맞이

정월 대보름날 달맞이,
달맞이 달마중을 가자고!
새라 새옷은 갈아입고도
가슴엔 묵은 설움 그대로,
달맞이 달마중을 가자고!
달마중 가자고 이웃집들!

산 위에 수면에 달 솟을 때,
돌아들 가자고 이웃집들!
모작별 삼성이 떨어질 때,
달맞이 달마중을 가자고!
다니던 옛 동무 무덤가에
정월 대보름날 달맞이!

못 잊어

못 잊어 생각이 나겠지요.
그런대로 한 세상 지내시구려.
사노라면 잊힐 날 있으리다.

못 잊어 생각이 나겠지요.
그런대로 세월만 가라시구려.
못 잊어도 더러는 잊히오리다.

그러나 또 한긋 이렇지요
'그리워 살뜰히 못 잊는데
어쩌면 생각이 떠지나요?'

●●● 언어의 배열에 따라 시의 가락이 이처럼 달라지고 생생한 기운이 돋아남을 보여 준 작품으로, 우리의 전통적인 호흡에 맞춰 쓴 시이다. 주제는 '그리움' 인데, 그 중에서도 '지난날의 회상에서 오는 그리움' 이다. ●●●

들놀이

들꽃은
피어
흩어졌어라.

들풀은
들로 한벌 가득히 자라 높았는데,
뱀의 헐벗은 묵은 옷은
길 분전分傳의 바람에 날아돌아라.

저 보아, 곳곳이 모든 것은
번쩍이며 살아 있어라.
두 나래 펼쳐 떨며
소리개도 높이 떴어라.

때에 이내 몸
가다가 또 다시 쉬기도 하며,
숨에 찬 내 가슴은
기쁨으로 채워져 사뭇 넘쳐라.

걸음은 다시금 또 더 앞으로……

가을 저녁에

물은 희고 길구나, 하늘보다도.
구름은 붉구나, 해보다도.
서럽다, 높아 가는 긴 들 끝에
나는 떠돌며 울며 생각한다, 그대를.

그늘 깊어 오르는 발 앞으로
끝없이 나아가는 길은 앞으로.
키 높은 나무 아래로, 물마을은
성깃한 가지가지 새로 떠오른다.

그 누가 온다고 한 언약도 없건마는!
기다려 볼 사람도 없건마는!
나는 오히려 못물가를 싸고 떠돈다.
그 못물로는 놀이 잦을 때.

초혼(招魂)

산산이 부서진 이름이여!
허공중에 헤어진 이름이여!
불러도 주인 없는 이름이여!
부르다가 내가 죽을 이름이여!

심중心中에 남아 있는 말 한 마디는
끝끝내 마저 하지 못하였구나.
사랑하던 그 사람이여!
사랑하던 그 사람이여!

붉은 해는 서산마루에 걸리었다.
사슴의 무리도 슬피 운다.
떨어져 나가 앉은 산 위에서
나는 그대의 이름을 부르노라.

설움에 겹도록 부르노라.
설움에 겹도록 부르노라.
부르는 소리는 빗겨 가지만
하늘과 땅 사이가 너무 멀구나.

선 채로 이 자리에 돌이 되어도
부르다가 내가 죽을 이름이여!
사랑하던 그 사람이여!
사랑하던 그 사람이여!

'초혼' 은 글자 그대로 혼을 부른다는 뜻이다. 소월의 대표작의 하나인 이 작품은 사랑하는 이의 죽음 앞에 선 한 인간의 처절한 슬픔을 노래한 시로, 치유될 길이 없는 세계와의 단절을 절감하면서도 단절로 받아들이기를 거부하는 소월의 숙명적 슬픔을 엿볼 수 있다. 저승으로 뻗치는 사랑의 소리, 유계(幽界)까지를 현실화한 이 시의 주제는 '죽은 임에 대한 그리움' 이다.

접동새

접동
접동
*아우래비 접동

진두강 가람가에 살던 누나는
진두강 앞마을에
와서 웁니다.

옛날 우리나라
먼 뒤쪽의
진두강 가람가에 살던 누나는
의붓어미 시샘에 죽었습니다.

누나라고 불러 보랴
　　　오오 *불설워
시샘에 몸이 죽은 우리 누나는
죽어서 접동새가 되었습니다.

아홉이나 남아 되는 오랍동생을
죽어서도 못 잊어 차마 못 잊어
야삼경 남 다 자는 밤이 깊으면
이산 저산 옮아가며 슬피 웁니다.

* 아우래비 : 사람에 따라 '아홉 오래비' 의 활음조(euphony)로 보는 경우와 '아우오래비' 의 줄임말로 보는 경우가 있다.
* 불설워 : 평안도 사투리로 '몹시 서러워' 의 뜻.

이 시는 설화를 소재로 해서 쓴 시로, 민요적인 가락과 정조를 근대시로 살려 놓은 점이 값지다고 할 수 있다. 민요의 대체적인 모티브가 되고 있는 '불행하고도 비극적인 생활과 사랑의 정한', '채워지지 않는 사랑과 그리움 그리고 그 별리의 정한' 등이 이 시에 나타나 있다. 주제는 '현실의 비극적 삶을 초극하려는 애절한 혈육의 정' 이다.

술

술은 물이외다, 물이 술이외다.
술과 물은 사촌이외다. 한데,
물을 마시면 정신을 깨우치지만서도
술을 마시면 몸도 정신도 다 태웁니다.

술은 부채이외다, 술은 풀무이외다.
풀무는 바람개비이외다, 바람개비는
바람과 도깨비의 어우름 자식이외다.
술은 부채요, 풀무요, 바람개비이외다.

술, 마시면 취케 하는 다정한 술,
좋은 일에도 풀무가 되고 언짢은 일에도
매듭 진 맘을 풀어 주는 시원스러운 술,
나의 혈관 속에 있을 때에 술은 나이외다.

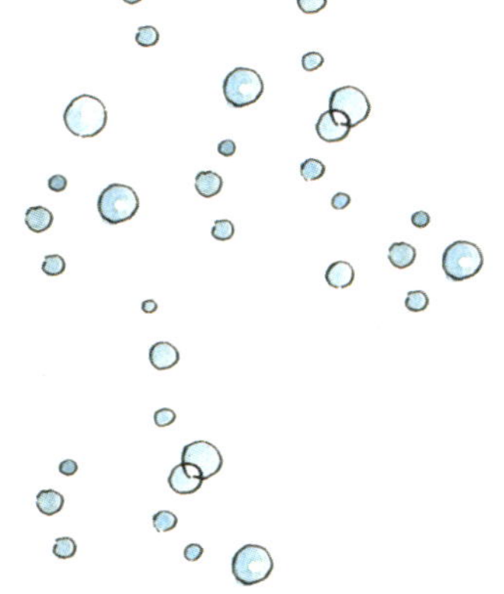

되어가는 일에 부채질하고
안 되어가는 일에도 부채질합니다.
그대여, 그러면 우리 한 잔 듭세, 우리 이 일에
일이 되어가도록만 마시니 괜찮을 걸세.

술은 물이외다, 돈이외다.
술은 돈이외다, 술도 물도 돈이외다.
물도 쓰면 줄고 없어집니다.
술을 마시면 돈을 마시는 게요, 물을 마시는 거외다.

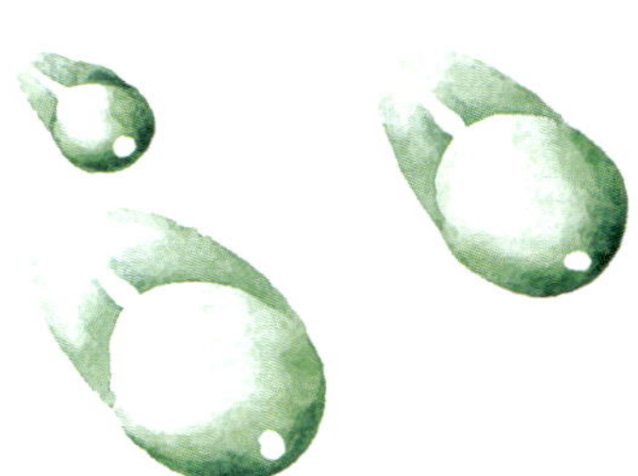

길

어제도 하룻밤
나그네 집에
까마귀 까악까악 울며 새였소.

오늘은
또 몇십 리
어디로 갈까.

산으로 올라갈까
들로 갈까
오라는 곳이 없어 나는 못 가오.

말 마소. 내 집도
정주 곽산
차 가고 배 가는 곳이라오.

여보소 공중에
저 기러기
공중엔 길 있어서 잘 가는가.

여보소 공중에
저 기러기
열 십 자 복판에 내가 섰소.

갈래갈래 갈린 길
길은 있어도
내가 바이 갈 길은 하나 없소.

나그네가 가는 길은 끝이 없는 여정으로서 뚜렷한 목적지가 없이 가야 하는 길이고, 당시의 현실을 고려한다면 떠돌아다닐 수밖에 없는 실향민의 비애를 대변한 것이라 할 수 있다. 길은 우리가 평소 걸어 다니는 시골의 오솔길이나 도회지의 보도일 수도 있고, 인생길이나 운명의 갈림길일 수도 있으며, 혹은 인간의 도리나 종교적 진리를 가리키는 추상적이고도 관념적인 길일 수도 있다. 주제는 '유랑인의 비애' 이다.

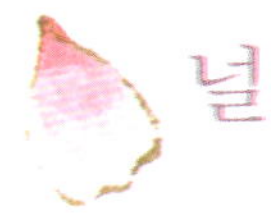

널

성촌城村의 아가씨들
널뛰누나
초파일날이라고
널을 뛰지요.

바람 불어요
바람이 분다고!
담 안에는 수양의 버드나무
채색줄 층층그네 매지를 말아요.

담 밖에는 수양의 늘어진 가지
늘어진 가지는
오오 누나!
휘젓이 늘어져서 그늘이 깊소.

좋다 봄날은
몸에 *겹지
널뛰는 성촌의 아가씨네들
널은 사랑의 버릇이라오.

*겹지 : 겹다(정도가 지나쳐 배겨내기 어려운 기분. 북받쳐 누를 수 없는 감정 상태를 나타내는 말)의 활용형.

옛이야기

고요하고 어두운 밤이 오며는
어스레한 등불에 밤이 오며는
외로움에 아픔에 다만 혼자서
하염없는 눈물에 저는 웁니다.

제 한 몸도 예전엔 눈물 모르고
조그마한 세상을 보냈습니다.
그때는 지난날의 옛이야기도
아무 설움 모르고 외웠습니다.

그런데 우리 님이 가신 뒤에는
아주 저를 버리고 가신 뒤에는
전날에 제게 있던 모든 것들이
가지가지 없어지고 말았습니다.

그러나 그 한때에 외워 두었던
옛이야기뿐만은 남았습니다.
나날이 짙어 가는 옛이야기는
부질없이 제 몸을 울려 줍니다.

왕십리

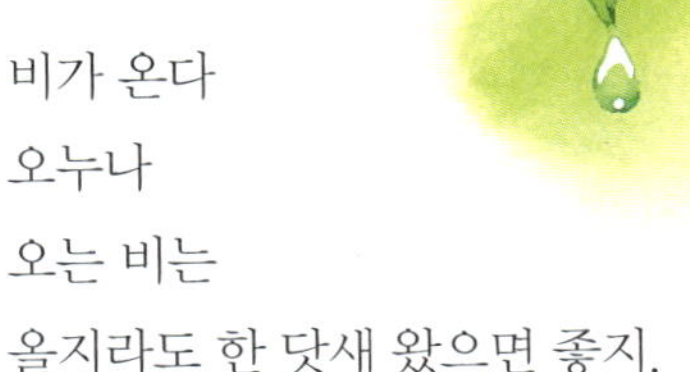

비가 온다
오누나
오는 비는
올지라도 한 닷새 왔으면 좋지.

여드레 스무날엔
온다고 하고
초하루 삭망朔望이면 간다고 했지.
가도 가도 왕십리 비가 오네.

웬걸, 저 새야
울랴거든
왕십리 건너가서 울어나 다고.
비 맞아 나른해서 벌새가 운다.

천안에 삼거리 실버들도
촉촉이 젖어서 늘어졌다데.
비가 와도 한 닷새 왔으면 좋지.
구름도 산마루에 걸려서 운다.

님의 노래

그리운 우리 님의 맑은 노래는
언제나 제 가슴에 젖어 있어요.

긴 날을 문 밖에서 서서 들어도
그리운 우리 님의 고운 노래는
해 지고 저물도록 귀에 들려요.
밤 들고 잠들도록 귀에 들려요.

고이도 흔들리는 노랫가락에
내 잠은 그만이나 깊이 들어요.
고적한 잠자리에 홀로 누워도
내 잠은 포스근히 깊이 들어요.

그러나 자다 깨면 님의 노래는
하나도 남김없이 잃어버려요.
들으면 듣는 대로 님의 노래는
하나도 남김없이 잊고 말아요.

풀 따기

우리 집 뒷산에는 풀이 푸르고
숲 사이의 시냇물, 모래 바닥은
파아란 풀 그림자 떠서 흘러요.

그리운 우리 님은 어디 계신고
날마다 피어나는 우리 님 생각.
날마다 뒷산에 홀로 앉아서
날마다 풀을 따서 물에 던져요.

흘러가는 시내의 물에 흘러서
내어던진 풀잎은 엷게 떠갈 제
물살이 *해적해적 품을 헤쳐요.

그리운 우리 님은 어디 계신고
가여운 이내 속을 둘 곳 없어서
날마다 풀을 따서 물에 던지고
흘러가는 잎이나 *맘해 보아요.

* 해적해적 : 해작해작. 헤작헤작(헤적헤적의 작은말). 물이 찰랑거리며 잔잔하게 움직이는 모양.
* 맘해 보아요 : 마음에 두어 보아요.

노천명 편

노천명(盧天命, 1911~1957)

초명(初名)은 기선(基善)으로, 어릴 때 홍역을 앓아 사경을 헤매다 다시 소생했는데, 이 때문에 '하늘로부터 다시 받은 목숨'이라는 뜻으로 '천명(天命)'이라 이름을 바꾸었다. 진명여자고등보통학교를 거쳐 이화여자전문학교 영문과를 졸업, 그해 조선중앙일보 학예부 기자가 되었다. 1935년 《시원》 창간호에 〈내 청춘의 배는〉을 발표하면서 작품 활동을 시작하였다. 남색 치마와 흰 저고리를 즐겨 입었던 노천명 시인은 평생을 독신으로 지내며 다른 여성 시인들과 구분되는 명확한 시세계를 갖고 있었다. 노천명 시인은 고독을 가슴속에 담고 살았다. 1958년 유작 시집으로 《사슴의 노래》를 펴냈는데, 여기에 실린 〈유월의 언덕〉에서는 〈사슴〉에서보다 훨씬 짙은 고독과 애수가 엿보인다. 수필집으로 《산딸기》, 저서로 《여성서간문독본》 등이 있다.

사슴

모가지가 길어서 슬픈 짐승이여,
언제나 점잖은 편 말이 없구나.
관冠이 향기로운 너는
무척 높은 족속이었나 보다.

물속의 제 그림자를 들여다보고
잃었던 전설을 생각해 내고는
어찌할 수 없는 향수에
슬픈 모가지를 하고
먼 데 산을 바라본다.

●●● 시집 《산울림》(1938)에 수록된 작품으로, 노천명 시인의 대표작이다. 겉으로는 사슴을 가볍게 스케치한 한 폭의 작은 그림 같지만, 이 시는 감정 이입의 수법으로 사슴을 시인의 분신으로 등장시키고 있다. 현실에 타협하지 못하고 결혼도 않고 고독과 빈궁으로 일생을 마친 시인의 자화상이다. 주제는 '이상적 생명에의 향수' 이다. ●●●

별을 쳐다보며

나무가 항시 하늘로 향하듯이
발은 땅을 딛고도 우리
별을 쳐다보며 걸어갑시다.

친구보다
좀 더 높은 자리에 있어 본댔자
명예가 남보다 뛰어나 본댔자
또 미운 놈을 혼내 주어 본다는 일
그까짓 것이 다아 무엇입니까.

술 한 잔만도 못한
대수롭잖은 일들입니다.
발은 땅을 딛고도 우리
별을 쳐다보며 걸어갑시다.

사월의 노래

사월이 오면 사월이 오면은……
향기로운 라일락이 우거지리
회색빛 우울을 걷어 버리고
가지 않으려나 나의 사람아
저 라일락 아래로- 라일락 아래로

푸른 물 다담뿍 안고 사월이 오면
가냘픈 맥박에도 피가 더하리니
나의 사랑아 눈물을 걷자
청춘의 노래를, 사월의 정열을
드높이 기운차게 불러 보지 않으려나.

앙상한 얼굴의 구름을 벗기고
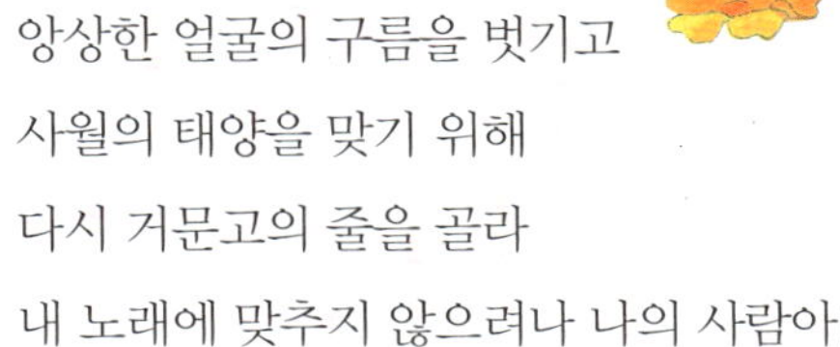
사월의 태양을 맞기 위해
다시 거문고의 줄을 골라
내 노래에 맞추지 않으려나 나의 사람아!

길

솔밭 사이로 솔밭 사이로 걸어 들어가자면
불빛이 흘러나오는 고가古家가 보였다.

거기-
벌레 우는 가을이 있었다.
벌판에 눈 덮인 달밤도 있었다.

흰 나리꽃이 향을 토하는 저녁
손길이 흰 사람들은

꽃술을 따 문 병풍의

사슴을 이야기했다.

솔밭 사이로 솔밭 사이로 걸어
지금도 전설처럼-
고가엔 불빛이 보이련만.

숱한 이야기들이 생각날까봐
몸을 소스라침은
비둘기같이 순한 마음에서……

이름 없는 여인이 되어

어느 조그만 산골로 들어가
나는 이름 없는 여인이 되고 싶소.
초가지붕에 박넝쿨 올리고
삼밭엔 오이랑 호박을 놓고
들장미로 울타리를 엮어
마당엔 하늘을 욕심껏 들여놓고
밤이면 실컷 별을 안고
부엉이가 우는 밤도 내사 외롭지 않겠소.

기차가 지나가 버리는 마을
놋양푼의 수수엿을 녹여 먹으며
내 좋은 사람과 밤이 늦도록
여우 나는 산골 얘기를 하면
삽살개는 달을 짖고
나는 여왕보다 더 행복하겠소.

이 작품은 작가 자신이 평범한 주부가 되어 살고 싶은 심정을 읊고 있다. 이 시에서처럼 두메산골로 숨어들어가 이름 없는 여인이 되어 살고 싶으나 이 시인의 현실은 그렇지를 못했다.

고향

언제든 가리
마지막엔 돌아가리.
목화꽃이 고운 내 고향으로
조밥이 맛있는 내 고향으로.
아이들 하눌타리 따는 길머리엔
학림사 가는 달구지가 조을며 지나가고
대낮에 여우가 우는 산골
등잔 밑에서
딸에게 편지 쓰는 어머니도 있었다.
둥글레 산에 올라 무릇을 캐고
접중화 싱아 뻐꾹새 장구채 범부채
마주재 기룩이 도라지 체니 곰방대
곰취 참두릅 홋잎나물을
뜯는 소녀들은
말끝마다 꽈 소리를 찾고
개암쌀을 까며 소녀들은
금방망이 은방망이 놓고 간
도깨비 얘기를 즐겼다.

목사가 없는 교회당
회당지기 전도사가 강도상을 치며
설교하는 산골이 문득 그리워

아프리카서 온 반마斑馬처럼
향수에 잠기는 날이 있다.

언제든 가리
나중엔 고향에 가 살다 죽으리.
메밀꽃이 하이얗게 피는 곳
나뭇집에 함박꽃을 꺾어 오던 총각들
서울 구경이 원이더니
차를 타 보지 못한 채 마을을 지키겠네.

꿈이면 보는 낯익은 동리
우거진 덤불에서
찔레 순을 꺾다 나면 꿈이었다.

고별

어제 나에게 찬사와 꽃다발을 던지고
우레 같은 박수를 보내 주던 인사들
오늘은 멸시의 눈초리로 혹은 무심히 내 앞을 지나쳐 버린다.

청춘을 바친 이 땅
오늘 내 머리에는 용수가 씌워졌다.

고도에라도 좋으니 차라리 머언 곳으로
나를 보내 다오.
뱃사공은 나와 방언이 달라도 좋다.

내가 떠나면
정든 책상은 고물상이 업어 갈 것이고
아끼던 책들은 천덕꾼이가 되어 장터로 나갈 게다.

나와 친하던 이들, 또 나를 시기하던 이들
잔을 들어라 그대들과 나 사이에
마지막인 작별의 잔을 높이 들자.

우정이라는 것, 또 신의라는 것,
이것은 다 어디 있는 것이냐
생쥐에게나 뜯어먹게 던져 주어라.

온갖 화근이었던 이름 석 자를
갈기갈기 찢어서 바다에 던져 버리련다.
나를 어디 떨어진 섬으로 멀리 멀리 보내 다오.

눈물어린 얼굴을 돌이키고
나는 이곳을 떠나련다.
개 짖는 마을들아
닭이 새벽을 알리는 촌가村家들아
잘 있거라.

별이 있고
하늘이 있고
거기 자유가 닫혀지지 않는 곳이라면.

남사당

나는 얼굴에 분칠을 하고
삼단 같은 머리를 땋아 내린 사나이
초립의 쾌자를 걸친 조라치들이
날나리를 부는 저녁이면
다홍치마를 두르고 나는 향단이가 된다.
이리하여 장터 어느 넓은 마당을 빌어
램프불을 돋운 포장 속에선
내 남성이 십분 굴욕되다.
산 넘어 지나온 저 동리엔
은반지를 사 주고 싶은
고운 처녀도 있었건만
다음 날이면 떠남을 짓는
처녀야!
나는 집시의 피였다.

내일은 또 어느 도구를 실은
노새의 뒤를 따라
산딸기의 이슬을 털며
길에 오르는 새벽은
구경꾼을 모으는 날나리 소리처럼
슬픔과 기쁨이 섞여 핀다.

●●● 이곳저곳 떠돌아다니며 소리나 춤을 파는 사람을 '남사당' 이라고 하는데, 이들을 따라다니는 한 소년의 비애를 통하여 방랑자의 면모를 여실히 보여 준다. 여기서 말하는 '조라치' 는 왕실이나 나라에서 세운 절을 청소하는 머슴을 말한다. ●●●

저녁별

그 누가 하늘에 보석을 뿌렸나
작은 보석 큰 보석 곱기도 하다.
모닥불 놓고 옥수수 먹으며
하늘의 별을 세던 밤도 있었다.

별 하나 나 하나 별 두울 나 두울
논뜰엔 당옥새 구슬피 울고
강낭수숫대 바람에 설렐 제
은하수 바라보면 잠도 멀어져

물방아소리- 들은 지 오래
고향하늘 별 뜬 밤 그리운 밤
호박꽃 초롱에 반딧불 넣고
이즈음 아이들도 별을 세는지.

고독

변변치 못한 화를 받던 날
어린애처럼 울고 나서
고독을 사랑하는 버릇을 지었습니다.

번잡이 이처럼 싱그러울 때
고독은 단 하나의 친구라 할까요.

그는 고요한 사색의 호숫가로
나를 달래 데리고 가
내 이지러진 얼굴을 비추어 줍니다.

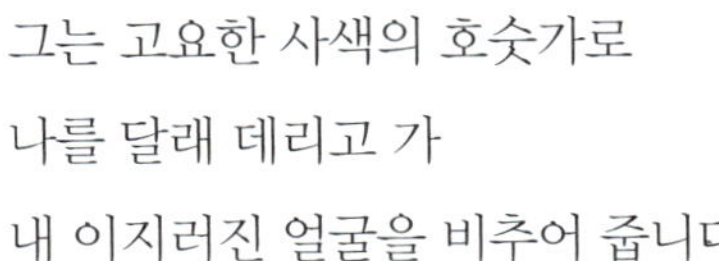

고독은 오히려 사랑스러운 것
함부로 권할 수 없는 것
아무나 가까이 하기 어려운 것인가 봐요.

푸른 오월

청자빛 하늘이
육모정 탑 위에 그린 듯이 곱고
연못 창포잎에
여인네 맵시 위에
감미로운 첫여름이 흐른다.

라일락 숲에
내 젊은 꿈이 나비처럼 앉는 정오
계절의 여왕 오월의 푸른 여신 앞에
내가 웬일로 무색하고 외롭구나.

밀물처럼 가슴속으로 몰려드는 향수를 어찌하는 수 없어
눈은 먼 데 하늘을 본다.

긴 담을 끼고 외딴길을 걸으며 걸으며
생각이 무지개처럼 핀다.

풀냄새가 물씬
향수보다 좋게 내 코를 스치고

청머루 순이 벋어 나오던 길섶
어디메선가 한나절 꿩이 울고

　　나는
활나물 호납나물 젓가락나물 참나물을 찾던
잃어버린 날이 그립지 아니한가, 나의 사람아.

아름다운 노래라도 부르자.
서러운 노래를 부르자.

보리밭 푸른 물결을 헤치며
종달새모양 내 마음은
하늘 높이 솟는다.

오월의 창공이여!
나의 태양이여!

이 시는 청명한 오월에 느끼는 서정을 노래하고 있는 9연의 자유시로서 노천명다운 호사스런 시심이 잘 나타나 있다. 화자는 '계절의 여왕'인 오월에서 환희와 즐거움만을 느끼는 것이 아니라, 더욱 아름다워지는 계절의 흐름 속에서 점점 초라해지는 자신을 발견함으로써 옛날에 대한 향수와 비애를 함께 노래하고 있다.

들국화

들녘 비탈진 언덕에 네가 없었던들
가을은 얼마나 쓸쓸했으랴
아무도 너를 여왕이라 부르지 않건만
봄의 화려한 동산을 사양하고
이름도 모를 풀 틈에 섞여
외로운 계절을 홀로 지키는 빈들의 색시여
갈꽃보다 부드러운 네 마음 사랑스러워
거칠은 들녘에 함부로 두고 싶지 않았다.
한아름 고이 안고 돌아와
화병에 너를 옮겨 놓고
거기서 맘대로 자라라 빌었더니
들에 보던 그 생기 나날이 잃어지고
웃음 걷은 네 얼굴은 수그러져
빛나던 모양은 한 잎 두 잎 병들어 갔다
아침마다 병이 넘는 맑은 물도
들녘의 한 방울 이슬만 못하더냐

너는 끝내 거칠은 들녘 정든 흙냄새 속에
맘대로 퍼지고 멋대로 자랐어야 할 것을 -
뉘우침에 떨리는 미련한 손은 이제
시들고 마른 너를 다시 안고
푸른 하늘 시원한 언덕 아래
묻어 주러 나왔다
들국화야!
저기 너의 푸른 천장이 있다
여기 너의 포근한 갈꽃 방석이 있다.

만추

가을은 마차를 타고 달아나는 신부
그는 온갖 화려한 것을 다 거두어 가지고 갑니다.

그래서 하늘은 더 아름다워 보이고
대기는 한층 밝아 보입니다.

한금 한금 넘어가는 황혼의 햇살은
어쩌면 저렇게 진줏빛을 했습니까
가을 하늘은 밝은 호수
여기다 낯을 씻고 이제사 정신이 났습니다.
은하와 북두칠성이 맑게 보입니다.

비인 들을 달리는 바람소리가
왜 저처럼 요란합니까
우리에게서 무엇을 앗아 가지고
가는 것이 아닐까요.

비련송悲戀頌

하늘은 곱게 타고 양귀비는 피었어도
그대일래 서럽고 서러운 날들
사랑은 괴롭고 슬프기만 한 것인가.

사랑의 가는 길은 가시덤불 고개
그 누구 이 고개를 눈물 없이 넘었던고
영웅도 호걸도 울고 넘는 이 고개

기어이 어긋나고 짓궂게 헤어지는
운명이 시기하는 야속한 이 길
아름다운 이들의 눈물의 고개

영지못엔 오늘도 탑 그림자 안 비치고
아사달은 뉘를 찾아 못 속으로 드는 거며
그슬아기 아사녀의 이 한을 어찌 푸나.

장날

대추 밤을 돈사야 추석을 차렸다.
이십 리를 걸어 열하룻장을 보러 떠나는 새벽,
막내딸 이쁜이는 대추를 안 준다고 울었다.

송편 같은 반달이 싸리문 위에 돋고,
건너편 성황당 사시나무 그림자가 무시무시한 저녁,
나귀방울에 지껄이는 소리가 고개를 넘어 가까워지면,
이쁜이보다 삽살개가 먼저 마중을 나갔다.

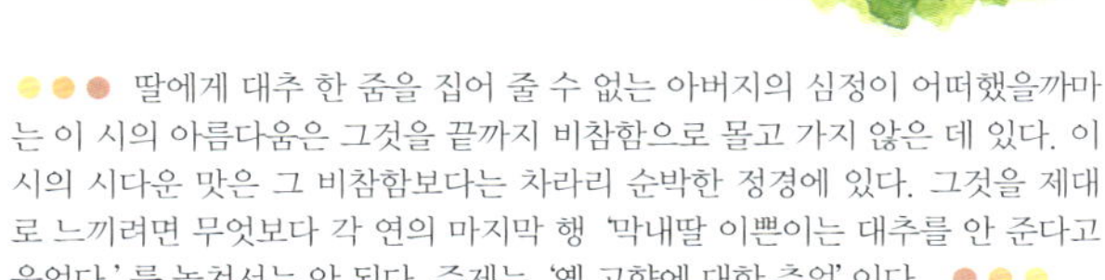

딸에게 대추 한 줌을 집어 줄 수 없는 아버지의 심정이 어떠했을까마는 이 시의 아름다움은 그것을 끝까지 비참함으로 몰고 가지 않은 데 있다. 이 시의 시다운 맛은 그 비참함보다는 차라리 순박한 정경에 있다. 그것을 제대로 느끼려면 무엇보다 각 연의 마지막 행 '막내딸 이쁜이는 대추를 안 준다고 울었다.'를 놓쳐서는 안 된다. 주제는 '옛 고향에 대한 추억'이다.

당신을 위해

장미모양
으스러지게 곱게 피는 사랑이 있다면
당신은 어떻게 하시죠?

감히 손에 손을 잡을 수도 없고
속삭이기에는 좋은 나이에 열없고
그래서 눈은 하늘만을 쳐다보면
얘기는 우정 딴 데로 빗나가고
차디찬 몸짓으로 뜨거운 맘을 감추는
이런 일이 있다면 어떻게 하시죠?

행여 이런 마음 알지 않을까 하면
얼굴이 화끈 달아올라
그가 모르기를 바라며
말없이 지나가려는 여인이 있다면
당신은 어떻게 하시죠?

수수깜부기

*깜부기는 비가 온 뒤라야 잘 *팼다.
아이들이 깜부기를 *찌러
참새 떼처럼 수수밭으로들 밀려갔다.

밭고랑에 가 들어서
꼭대기를 쳐다보다

희끗 깜부기를 찾아내는 때는
수숫대는 사정없이 휘며 숙여졌다.

깜부기를 먹고 난 입은
까암해 자랑스러웠다.

* 깜부기 : 곡식이 병에 걸려 까맣게 된 이삭.
* 팼다 : 이삭이 나오는 것을 '팼다' 고 한다.
* 찌러 : 솎으러. 뽑으러.

유월의 언덕

아카시아꽃 핀 유월의 하늘은
사뭇 곱기만 한데
파라솔을 접듯이
마음을 접고 안으로 안으로만 들다

이 인파 속에서 고독이
곧 얼음모양 꼿꼿이 얼어들어 옴은
어쩐 까닭이뇨

보리밭엔 양귀비꽃이 으스러지게 고운데
이른 아침부터 밤이 이슥토록
이야기해 볼 사람은 없어
파라솔을 접듯이
마음을 접어 가지고 안으로만 들다

장미가 말을 배우지 않은 이유를 알겠다
사슴이 말을 안 하는 연유도 알아듣겠다.
아카시아꽃 핀 유월의 언덕은
곱기만 한데-.

사슴의 노래

하늘에 불이 났다
하늘에 불이 났다

도무지 나는 울 수 없고
사자같이 사나울 수도 없고
고운 생각으로 진여 씹을 것은 더 못 되고

희랍적인 내 별을 거느리고
오직 죽음처럼 처참하다
가슴에 꽂았던 장미를 뜯어 버리는
슬픔이 커 상장喪章같이 처량한 나를
차라리 아는 이들을 떠나
사슴처럼 뛰어다녀 보다

고독이 성처럼 나를 두르고
캄캄한 어둠이 어서 밀려오고
달도 없어주

눈이 내려라 비도 퍼부어라
가슴의 장미를 뜯어 버리는 날은

슬퍼 좋다
하늘에 불이 났다
하늘에 불이 났다

귀뚜라미

몸 둔 곳 알려서는 드을 좋아 –
이런 모양 보여서도 안 되는 까닭에
숨어서 기나긴 밤 울어 새웁니다.

밤이면 나와 함께 우는 이도 있어
달이 밝으면 더 깊이 숨겨 둡니다.
오늘도 저 섬돌 뒤
내 슬픈 밤을 지켜야 합니다.

오월의 노래

보리는 그 윤기 나는 머리를 풀어헤치고
숲 사이 철쭉이 이제 가슴을 열었다.
아름다운 전설을 찾아
사슴은 화려한 고독을 씹으며
불로초 같은 오후의 생각을 오늘도 달린다

부르다 목은 쉬어
산에 메아리만 하는 이름 –

더불어 꽃길을 걸을 날은 언제뇨
하늘은 푸르러서 더 넓고
마지막 장미는 누구를 위한 것이냐

하늘에서 비가 쏟아져라
그리고 폭풍이 불어 다오
이 오월의 한낮을 그냥 갈 수는 없어라.

●●● 이 시에서 화자는 고독감에 의해 감정의 격랑을 경험하고 있다. 고독은 인간의 존재 조건이다. 극기의 자세가 정신의 고결성을 높여 주는 것은 사실이지만, 감정이 밖으로 표출된다고 해서 시가 저열하다고 규정할 수는 없다. 어쩌면 그런 것에서 진솔한 모습을 포착할 수도 있다. 고독은 견디기 어려운 아픔이기에 더욱 그러하다. 주제는 '오월에 느끼는 그리움과 고독감' 이다. ●●●

작별

어머니가 떠나시던 날 눈보라가 날렸다.

언니는 흰 족두리를 쓰고
오라버니는 굴관을 차고
나는 흰 댕기 늘인 삼또아리를 쓰고

상여가 동리를 보고 하직하는
마지막 절하는 걸 봐도
나는 도무지 어머니가
아주 가시는 것 같지 않았다.

그 자그마한 키를 하고—
산엘 갔다 해가 지기 전
돌아오실 것만 같았다.

다음 날도 다음 날도 나는
어머니가 들어오실 것만 같았다.

희망

꽃술이 바람에 고갯짓하고
숲들 사뭇 우짖습니다.

그대가 오신다는 기별만 같아
치맛자락 풀덤불에 걸키며
그대를 맞으러 나왔습니다.

내 낭자에 산호잠 하난 못 꽂고
실안개 도는 갑사치마도 못 걸친 채
그대 황홀히 나를 맞아 주겠거니-
오신다는 길가에 나왔습니다.

저 산말낭에 그대가 금시 나타날 것만 같습니다.
녹음 사이 당신의 발굽소리가 들리는 것 같습니다.
내 가슴이 왜 갑자기 설렙니까.

꽃다발을 샘물에 축이며 축이며
산마루를 쳐다보고 또 쳐다봅니다.

독백

밤은 언제부터인지 안식의 시간이 못 되어
눈을 뜨고--
올빼미처럼 눈을 뜨고 깨어 있는 밤

시계소리를 듣기에도 성가신
해초와도 같이 후줄근해진 영혼이여

샨데리아 밑이 어두워서
나는 내 소중한 열쇠를 못 찾고
손수건같이 꾸겨진 오늘을 응시하며
한밤중 올빼미모양 일어나 앉아
낙하산의 현기증을 느낀다
무도회는 언제나 지쳐서들 쓰러질 것이냐

꿈속에서모양 나는 맥아리가 하나도 없고
해감 속에서
한 발자국도 옮겨놔지지가 않는다

별도 이제 내 친구는 못 되고
풀 한 포기 나지 못한 허허벌판에서
전투기의 공중선회적 현기증

장밋빛 새벽은 멀다 치고

포구의 밤

마술사 같은 어둠이 꿈틀거리며
무거운 걸음새로 기어드니
찌푸린 하늘엔 별조차 안 보이고
바닷가 헤매는 물새의 울음소리
엄마 찾는 듯…… 내 애를 끊네.

한가람 청풍清風 물 위를 스치고 가니
기슭에 나룻배엔 등불만 조을고
사공의 노랫가락 마디마디 구슬퍼
호수같이 고요하던 마음바다에 잔물살 이니
한때의 옛 곡조 다시 떠도네.

이 바다 물결에 내 노래 띄워－
그 물결 닿는 곳마다 펼쳐나 보리
바위에 부딪치는 구원의 물소리

내 그윽한 느낌에 눈감고 듣노니
마산포馬山浦의 밤은 말없이 깊어만 가는데……

동경

내 마음은 늘 타고 있소
무엇을 향해선가 –

아득한 곳에 손을 휘저어 보오
발과 손이 매어 있음도 잊고
나는 숨가삐 허덕여 보오.

일찍이 그는 피리를 불었소.
피리소리가 어디서 나는지 나는 몰라
예서 난다지…… 제서 난다지……

어디엔지 내가 갈 수 있는 곳인지도 몰라.
허나 아득히 저곳에
무엇이 있는 것만 같애
내 마음은 그칠 줄 모르고 타고 또 타오.

바다에의 향수

기억에 잠긴 남빛바다는 아드윽하고
이를 그리는 정열은 걷잡지 못한 채
낯선 하늘 머언 뭍 우에서
오늘도 떠가는 구름으로 마음을 달래 보다

지금쯤 바다 저편엔 칠월의 태양이 물 우에 빛나고
기인 항해에 지친 배의 육중스런 몸뚱이는
집시-의 퇴색한 꿈을 안고 푸른 요 우에 뒹굴며
낯익은 섬들의 기억을 뒤적거리며……

푸른 밭을 갈아 흰 이랑을 뒤에 남기며
장엄한 출범은 이 아침에도 있었으리……
늠실거리는 파도-바다의 호흡-흰 물새-
오늘도 내 마음을 차지하다-

돌아오는 길

차마 못 봐 돌아서 오며 듣는 기차소리는
한나절 산골의 당나귀 울음보다 더 처량했다.

포도 우에 소리없이 밤안개가 어린다.
마음속엔 고삐 놓은 슬픔이 뒹군다.

먼–한길에 걸음이 안 걸려
몸은 땅 속에 잦아들 것만 같구나.

거리의 플라타너스도 눈물겨운 밤
일부러 육조六曹 앞 먼 길도 돌았다.

길바닥엔 장미꽃이 피었다–사라졌다–다시 핀다.
해저海底의 소리를 누가 들은 적이 있다더냐.

윤동주 편

윤동주(尹東柱, 1917~1945)

교회 장로이면서 소학교 교사인 아버지 영석(永錫)과 어머니 김룡(金龍) 사이의 7남매 중 맏아들로 태어났다. 1941년 연희전문학교를 졸업, 1942년 도쿄의 릿쿄대학 영문과에 입학, 1학기를 마치고 도시샤대학 영문과에 편입했다. 그러나 1943년 7월 독립운동 혐의로 일본경찰에 검거되어 2년 형을 선고받고 후쿠오카 형무소에 수감되었다가 1945년 29세의 젊은 나이로 옥사했다.

그는 자전적이고 내성적인 시, 그리스도교 신앙에 바탕을 둔 실존적 윤리의식, 그리고 시대와의 갈등에 성실했던 민족의식을 나타낸 시를 썼으며, 이러한 주제를 고도의 상징과 은유적 기법으로 독특하게 형상화했다는 점에서 한국시사에서 귀중하게 평가되고 있다. 일제 말기를 대표하는 시인으로, 암울한 민족의 현실을 극복하려는 자아성찰의 시세계를 보여 주었던 그의 대표작으로는 〈별 헤는 밤〉, 〈서시〉, 〈십자가〉, 〈편지〉 등이 있다.

봄

봄이 혈관 속에 시내처럼 흘러
돌, 돌, 시내 가차운 언덕에
개나리, 진달래, 노오란 배추꽃

삼동을 참아 온 나는
풀포기처럼 피어난다.

즐거운 종달새야
어느 이랑에서나 즐거웁게 솟쳐라.

푸르른 하늘은
아른아른 높기도 한데……

또 다른 고향

고향에 돌아온 날 밤에
내 백골白骨이 따라와 한방에 누웠다.

어둔 방은 우주로 통하고
하늘에선가 소리처럼 바람이 불어온다.

어둠 속에 곱게 풍화작용하는
백골을 들여다보며
눈물짓는 것이 내가 우는 것이냐
백골이 우는 것이냐
아름다운 혼이 우는 것이냐.

지조 높은 개는
밤을 새워 어둠을 짖는다.

어둠을 짖는 개는
나를 쫓는 것일 게다.

가자 가자
쫓기우는 사람처럼 가자.
백골 몰래
또 다른 고향에 가자.

이 시는 1941년 9월 연희전문학교 졸업반 때 쓴 작품으로, 현실적 자아가 누워 있는 '고향'(만주 용정)과 이상적 자아가 도달하고자 하는 '또 다른 고향'(정신적 안식처)을 두 축으로 설정하여 그것들이 서로 엇갈리는 가운데 빚어지는 고뇌와 불안을 다루고 있다. 주제는 '이상향에 대한 동경'이다.

또 태초의 아침

하얗게 눈이 덮이었고
전신주가 잉잉 울어
하나님 말씀이 들려온다.

무슨 계시일까.

빨리
봄이 오면
죄를 짓고
눈이
밝아

이브가 해산하는 수고를 다하면

무화과 잎사귀로 부끄런 데를 가리고

나는 이마에 땀을 흘려야겠다.

위로

거미란 놈이 흉한 심보로 병원 뒤뜰 난간과 꽃밭 사이 사람 발이 잘 닿지 않는 곳에 그물을 쳐 놓았다. 옥외 요양을 받는 젊은 사나이가 누워서 치어다보기 바르게-

나비가 한 마리 꽃밭에 날아들다 그물에 걸리었다. 노오란 날개를 퍼득거려도 나비는 자꾸 감기우기만 한다. 거미가 쏜살같이 가더니 끝없는 끝없는 실을 뽑아 나비의 온몸을 감아 버린다. 사나이는 긴 한숨을 쉬었다.

나이보다 무수한 고생 끝에 때를 잃고 병을 얻은 이 사나이를 위로할 말이-거미줄을 헝클어 버리는 것밖에 위로의 말이 없었다.

새벽이 올 때까지

다들 죽어가는 사람들에게
검은 옷을 입히시오.

다들 살아가는 사람들에게
흰 옷을 입히시오.

그리고 한 침실에
가지런히 잠을 재우시오.

다들 울거들랑
젖을 먹이시오.

이제 새벽이 오면
나팔 소리 들려 올 게외다.

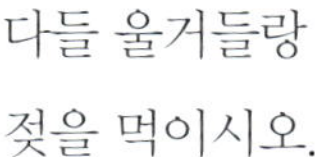

병원

살구나무 그늘로 얼굴을 가리고 병원 뒤뜰에 누워 젊은 여자가 흰 옷 아래로 하얀 다리를 드러내 놓고 일광욕을 한다. 한나절이 기울도록 가슴을 앓는다는 이 여자를 찾아오는 이, 나비 한 마리도 없다. 슬프지도 않은 살구나무 가지에는 바람조차 없다.

나도 모를 아픔을 오래 참다 처음으로 이곳에 찾아왔다. 그러나 나의 늙은 의사는 젊은이의 병을 모른다. 나한테는 병이 없다고 한다. 이 지나친 시련, 이 지나친 피로, 나는 성내서는 안 된다.

여자는 자리에서 일어나 옷깃을 여미고 화단에서 금잔화 한 포기를 따 가슴에 꽂고 병실 안으로 사라진다. 나는 그 여자의 건강이-아니 내 건강도 속히 회복되기를 바라며 그가 누웠던 자리에 누워 본다.

이 시는 윤동주가 연희전문학교 재학 중인 1940년에 쓴 것이다. 여기에서 '병원' 은 고독한 밀실의 심상과 통하는 것으로 당시의 암울한 시대 상황과 관련이 있다. 특히, 병원으로 상징되는 밀폐된 공간에서 치료를 받고 있는 젊은 여자에게 자신을 투영시켜 동일시한 수법은 단조로움을 피하고 극적인 효과를 거두고 있다. 주제는 '상황 극복의 기원' 이다.

삶과 죽음

삶은 오늘도 죽음의 서곡을 노래하였다.
이 노래가 언제나 끝나랴.

세상 사람은—
뼈를 녹여내는 듯한 삶의 노래에
춤을 춘다.
사람들은 해가 넘어가기 전
이 노래 끝의 공포를
생각할 사이가 없었다.

하늘 복판에 알 새기듯이
이 노래를 부른 자가 누구뇨.

그리고 소낙비 그친 뒤같이도
이 노래를 그친 자가 누구뇨.

죽고 뼈만 남은
죽음의 승리자 위인들!

코스모스

청초한 코스모스는
오직 하나인 나의 아가씨.

달빛이 싸늘히 추운 밤이면
옛 소녀가 못 견디게 그리워
코스모스 핀 정원으로 찾아간다.

코스모스는
귀또리 울음에도 수집어지고
코스모스 앞에 선 나는
어렸을 적처럼 부끄러워지니

내 마음은 코스모스의 마음이요
코스모스의 마음은 내 마음이다.

간肝

바닷가 햇빛 바른 바위 위에
습한 간肝을 펴서 말리우자.

코카서스 산중에서 도망해 온 토끼처럼
둘러리를 빙빙 돌며 간을 지키자.

내가 오래 기르던 여윈 독수리야!
와서 뜯어 먹어라, 시름없이

너는 살찌고
나는 여위어야지, 그러나

거북이야!
다시는 용궁龍宮의 유혹에 안 떨어진다.

프로메테우스 불쌍한 프로메테우스
불 도적한 죄로 목에 맷돌을 달고
끝없이 침전하는 프로메테우스.

이 시는 거북이의 꾐에 빠져 간을 잃을 뻔했다가 기지를 발휘하여 목숨을 건진다는 구토지설(龜兎之說)과, 인간을 위해 제우스를 속이고 불을 훔친 죄로 코카서스 산에 쇠사슬로 묶여 날마다 낮에는 독수리에게 간을 쪼아 먹히나, 밤이 되면 그의 간은 되살아나서 영원히 고통을 겪는다는 프로메테우스의 신화를 결합하여 우의적으로 표현한 시다. 주제는 '현실적 고난의 극복 의지' 이다.

하루종일 시들은 귀를 가만히 기울이면
땅검의 옮겨지는 발자취 소리

발자취 소리를 들을 수 있도록
나는 총명했던가요.

이제 어리석게도 모든 것을 깨달은 다음
오래 마음 깊은 속에
괴로워하던 수많은 나를
하나, 둘, 제 고장으로 돌려보내면
거리 모퉁이 어둠 속으로
소리 없이 사라지는 흰 그림자,

흰 그림자들
연연히 사랑하던 흰 그림자들,

내 모든 것을 돌려보낸 뒤
허전히 뒷골목을 돌아
황혼처럼 물드는 내 방으로 돌아오면

신념이 깊은 의젓한 양처럼
하루 종일 시름없이 풀포기나 뜯자

십자가

쫓아오던 햇빛인데
지금 교회당 꼭대기
십자가에 걸리었습니다.

첨탑尖塔이 저렇게도 높은데
어떻게 올라갈 수 있을까요.

종소리도 들려오지 않는데
휘파람이나 불며 서성거리다가,

괴로웠던 사나이,
행복한 예수 그리스도에게처럼
십자가가 허락된다면

모가지를 드리우고
꽃처럼 피어나는 피를

어두워 가는 하늘 밑에
조용히 흘리겠습니다.

윤동주는 철저한 기독교 가정에서 성장하였으므로 그 영향을 많이 받았다. 이 시에는 윤동주의 인생관이 나타나 있다. 그는 당시의 상황을 어두운 밤으로 인식하고 자기희생으로 그 괴로움에서 벗어날 수 있다고 본 것이다. 이 시에서 '십자가'는 기독교의 징표나 형벌의 도구를 뜻하는 관습적 상징으로만 쓰인 것이 아니고, '종교적 또는 도덕적 생활의 목표'를 뜻하는 개인적 상징으로 쓰인 것이다. 주제는 '고난을 짊어지려는 희생의 의지'이다.

참회록

파란 녹이 낀 구리거울 속에
내 얼굴이 남아 있는 것은
어느 왕조王朝의 유물이기에
이다지도 욕될까.

나는 나의 참회의 글을 한 줄에 줄이자
-만 이십사 년 일개월을
무슨 기쁨을 바라 살아 왔는가.

내일이나 모레나 그 어느 즐거운 날에
나는 또 한 줄의 참회록을 써야 한다.
-그때 그 젊은 나이에
왜 그런 부끄런 고백을 했던가.

밤이면 밤마다 나의 거울을
손바닥으로 발바닥으로 닦아 보자.
그러면 어느 운석隕石 밑으로 홀로 걸어가는
슬픈 사람의 뒷모양이
거울 속에 나타나 온다.

이 시는 암울한 시대에 욕된 삶을 사는 자신을 성찰하고 참회하는 작품으로, 자문(自問)하는 형식 속에 지식인의 양심적 자세를 담고 있다. 24세의 청년 시절에 쓴 작품으로, 이와 같이 냉철하고 객관적인 입장에서 자기 자신을 동양적 윤리관에 입각하여 철저히 분석, 해체한 점에서 그의 깊은 정신을 엿볼 수 있다. 주제는 '역사 속에서의 자아 성찰과 고난 극복 의지' 이다.

아우의 인상화印象畵

붉은 이마에 싸늘한 달이 서리어
아우의 얼굴은 슬픈 그림이다.

발걸음을 멈추어
살그머니 앳된 손을 잡으며
'너는 자라 무엇이 되려니'
'사람이 되지'
아우의 설은 진정코 설은 대답이다.

슬며-시 잡았던 손을 놓고
아우의 얼굴을 들여다본다.

싸늘한 달이 붉은 이마에 젖어
아우의 얼굴은 슬픈 그림이다.

이 시는 연희전문학교에 입학하던 1938년에 쓴 작품으로, 어느 날 밤 형인 화자가 아우와 나누었던 대화를 소재로 삶의 우수를 노래하고 있다. 이 시는 윤동주가 추구하는 삶이 무엇인지 가늠케 해 주는 열쇠 구실과 함께, 자신이 소망하는 성실한 인간으로 성장하면서 겪어야 할 아우의 고통을 생각하며 괴로움에 빠지는 진지함을 보여 주고 있다.

눈 감고 간다

태양을 사모하는 아이들아
별을 사랑하는 아이들아

밤이 어두웠는데
눈 감고 가거라.

가진 바 씨앗을
뿌리면서 가거라.

발부리에 돌이 차이거든
감았던 눈을 와짝 떠라.

쉽게 쓰여진 시詩

창 밖에 밤비가 속살거려
육첩방六疊房은 남의 나라.

시인이란 슬픈 천명天命인 줄 알면서도
한 줄 시를 적어 볼까.

땀내와 사랑 내 포근히 품긴
보내 주신 학비 봉투를 받아

대학노-트를 끼고
늙은 교수의 강의 들으려 간다.

생각해 보면 어린 때 동무를
하나, 둘, 죄다 잃어버리고

나는 무얼 바라
나는 다만, 홀로 침전沈澱하는 것일까?

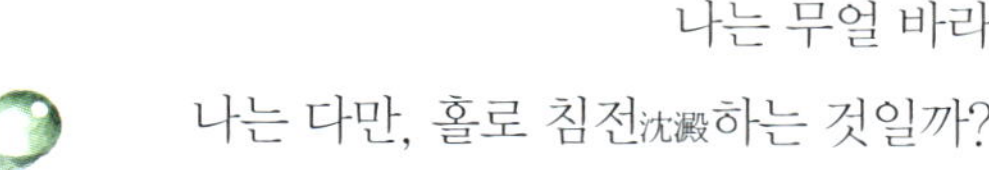

인생은 살기 어렵다는데
시가 이렇게 쉽게 쓰여지는 것은
부끄러운 일이다.

육첩방은 남의 나라
창 밖에 밤비가 속살거리는데,

등불을 밝혀 어둠을 조금 내몰고
시대처럼 올 아침을 기다리는 최후의 나,

나는 나에게 적은 손을 내밀어
눈물과 위안으로 잡는 최초의 악수.

이 시는 윤동주가 일본에 유학 중이던 1942년에 쓴 것으로, 자기 자신에 대한 끝없는 좌절과 번민, 무력감을 부끄럽게 느끼면서 끝없는 모색의 노력을 포기하지 않음으로써, 시인의 사명감을 자각해 가는 성찰의 모습을 솔직하고도 섬세하게 보여 주는 작품이다. 주제는 '이국에서의 고독과 시인으로서의 천명성 확인(암담한 현실 극복의 결의)' 이다.

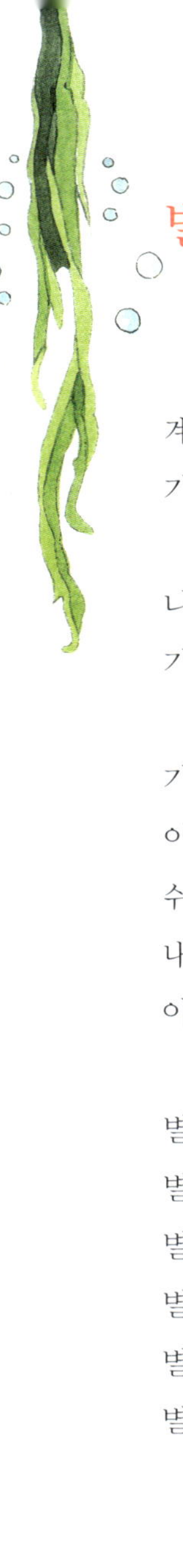

별 헤는 밤

계절이 지나가는 하늘에는
가을로 가득 차 있습니다.

나는 아무 걱정도 없이
가을 속의 별들을 다 헤일 듯합니다.

가슴 속에 하나 둘 새겨지는 별을
이제 다 못 헤는 것은
쉬이 아침이 오는 까닭이요,
내일 밤이 남은 까닭이요,
아직 나의 청춘이 다하지 않은 까닭입니다.

별 하나에 추억과
별 하나에 사랑과
별 하나에 쓸쓸함과
별 하나에 동경과
별 하나에 시와
별 하나에 어머니, 어머니,

어머님, 나는 별 하나에 아름다운 말 한 마디씩 불러 봅니다. 소학교 때 책상을 같이 했던 아이들의 이름과 패佩, 경鏡, 옥玉 이런 이국 소녀들의 이름과 벌써 아기 어머니 된 계집애들의 이름과, 가난한 이웃 사람들의 이름과, 비둘기, 강아지, 토끼, 노새, 노루, '프랑시스 잠', '라이넬 마리아 릴케', 이런 시인의 이름을 불러 봅니다.

이네들은 너무나 멀리 있습니다.
별이 아슬이 멀듯이.

어머님,
그리고 당신은 멀리 북간도에 계십니다.

나는 무엇인지 그리워
이 많은 별빛이 나린 언덕 위에

내 이름자를 써 보고,
흙으로 덮어 버리었습니다.

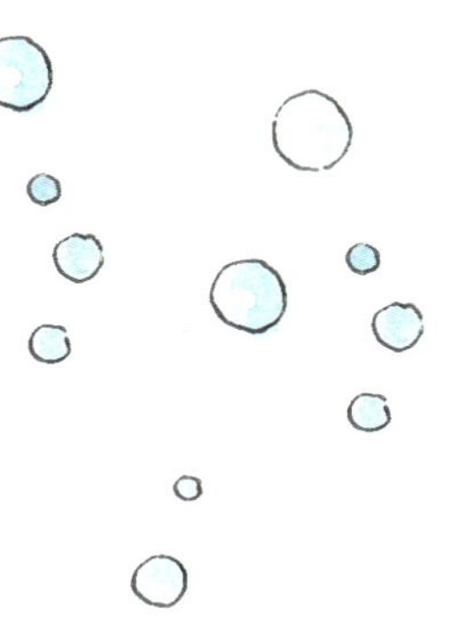

딴은 밤을 새워 우는 벌레는
부끄러운 이름을 슬퍼하는 까닭입니다.

그러나 겨울이 지나고 나의 별에도 봄이 오면
무덤 위에 파란 잔디가 피어나듯이
내 이름자 묻힌 언덕 위에도
자랑처럼 풀이 무성할 게외다.

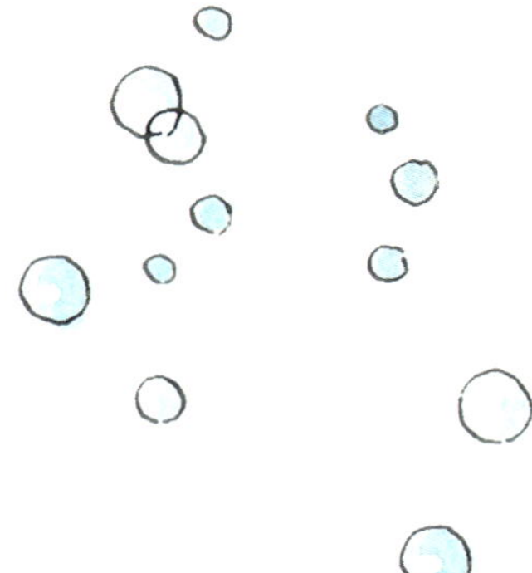

이 시는 타향에서 밤하늘의 별을 쳐다보면서, 아름다웠던 유년 시절을 회상하고, 갖가지 상념에 사로잡히는 것을 형상화한 작품이다. 가을로부터 겨울을 지나 봄에 이르는 계절의 변화, 과거에서 현재로 이동하면서 느끼는 시인의 자아에 대한 인식이 '회상-반성-결의'로 이어지고 있다. 주제는 '고향에 대한 동경과 자아 성찰'이다.

서시序詩 –하늘과 바람과 별과 시

죽는 날까지 하늘을 우러러
한 점 부끄럼이 없기를,
잎새에 이는 바람에도
나는 괴로워했다.
별을 노래하는 마음으로
모든 죽어가는 것들을 사랑해야지.
그리고 나한테 주어진 길을
걸어가야겠다.

오늘밤에도 별이 바람에 스치운다.

이 시는 윤동주가 연희전문학교 졸업을 1개월 앞둔 1941년에 시집의 서문으로 쓴 작품이다. 이 작품은 식민지 상황에 처해 있는 젊은 지식인의 고뇌와 그것을 극복하려는 의지를 표백(表白)한 시다. 그래서 더욱 진솔한 느낌을 준다. 주제는 '부끄러움이 없는 삶에 대한 간절한 소망'이다.

자화상自畵像

산모퉁이를 돌아 논가 외딴 우물을 홀로 찾아가선
가만히 들여다봅니다.

우물 속에는 달이 밝고 구름이 흐르고 하늘이 펼치고
파아란 바람이 불고 가을이 있습니다.

그리고 한 사나이가 있습니다.
어쩐지 그 사나이가 미워져 돌아갑니다.

돌아가다 생각하니 그 사나이가 가엾어집니다. 도로 가 들여다보니 사나이는 그대로 있습니다.

다시 그 사나이가 미워져 돌아갑니다. 돌아가다 생각하니 그 사나이가 그리워집니다.

우물 속에는 달이 밝고 구름이 흐르고 하늘이 펼치고 파아란 바람이 불고 가을이 있고 추억처럼 사나이가 있습니다.

이 시는 나르시스가 우물 속에 비친 자기의 모습에 반하여 수선화가 되었다는 그리스 신화와 맥이 통한다. 이 시에는 우물 속의 '사나이'가 등장하고 그를 들여다보는 '나'가 있다. 이 둘은 양분된 자아로서 부정과 긍정을 거듭하다가 화합하는 과정을 거친다. '우물'은 윤동주의 시에 자주 나오는 '거울'이나 '하늘'처럼 내 모습이나 생활을 성찰하는 매체이며 밀실의 심상도 포함되어 있다. 주제는 '자아 성찰과 자신에 대한 애증'이다.

편지

그립다고 써 보니 차라리 말을 말자.
그냥 긴 세월이 지났노라고만 쓰자.

긴긴 사연을 줄줄이 이어
진정 못 잊는다는 말을 말고
어쩌다 생각이 났었노라고만 쓰자.

그립다고 써 보니 차라리 말을 말자.
그냥 긴 세월이 지났노라고만 쓰자.

긴긴 잠 못 이루는 밤이면
행여 울었다는 말을 말고
가다가 그리울 때도 있었노라고만 쓰자.

이육사 편

이육사(李陸史, 1904~1944)

경북 안동에서 5형제 중 둘째아들로 태어났다. 예안보문의숙에서 신학문을 배웠고, 대구교남학교에 잠시 다녔으며, 1926년 중국의 베이징 사관학교에 입학해 군사훈련을 받았다. 항일운동가로서 활약이 두드러졌던 이육사는 조국의 독립과 광복을 염원하는 시를 썼다. 그의 대표작이라 할 수 있는 〈절정〉·〈광야〉는 일제강점기의 민족적 비극을 소재로 강렬한 저항의지를 나타내고 있으며, 꺼지지 않는 민족적 의지를 장엄하게 노래했다는 점이 특징이다. 특히 유작으로 발표된 〈광야〉는 저항시의 걸작으로 평가되고 있다.

베이징과 서울을 오가며 독립운동을 하던 그는 1943년 4월 서울에서 검거되어 베이징으로 압송되었고, 이듬해에 건강이 악화되어 조국의 광복을 보지 못한 채 베이징 감옥에서 세상을 떠났다. 본명은 원록(源祿)이며, 아호인 육사는 대구형무소 수감 번호인 264에서 따 온 것이다.

일식

쟁반에 먹물을 담아 비쳐 본 어린 날
불개는 그만 하나밖에 없는 내 날을 먹었다.

날과 땅이 한 줄 위에 돈다는 그 순간만이라도
차라리 헛말이기를 밤마다 정녕 빌어도 보았다.

마침내 가슴은 동굴보다 어두워 설레인고녀
다만 한 봉오리 피려는 장미 벌레가 좀 치렸다.

그래서 더 예쁘고 진정 덧없이 아니하냐.
또 어디 다른 하나를 얻어
이슬 젖은 별빛에 가꾸련다.

청포도

내 고장 칠월은
청포도가 익어 가는 시절

이 마을 전설이 주저리주저리 열리고
먼 데 하늘이 꿈꾸며 알알이 들어와 박혀

하늘 밑 푸른 바다가 가슴을 열고
흰 돛단배가 곱게 밀려서 오면

내가 바라는 손님은 고달픈 몸으로
청포를 입고 찾아온다고 했으니

내 그를 맞아 이 포도를 따먹으면
두 손을 함뿍 적셔도 좋으련

아이야 우리 식탁엔 은쟁반에
하이얀 모시 수건을 마련해 두렴.

이 시에서 '내 고장' 은 일정한 장소를 의미하는 공간적 요소이고, '칠월' 은 일정한 계절을 한정하는 시간적 요소이다. 그리고 청포도는 그 시간과 공간 속에 자리하고 있는 특정한 사물이다. 그러니까 청포도의 시작은 '내 고장 · 칠월 · 청포도' 의 의미 단위로 시간–공간–사물의 세 꼭짓점을 지닌 삼각형으로 구성되어 있다. 주제는 '조국 광복의 염원(평화로운 삶에의 소망)' 이다.

자야곡 子夜曲

수만 호 빛이라야 할 내 고향이언만
노랑나비도 오잖는 무덤 위에 이끼만 푸르리라.

슬픔도 자랑도 집어삼키는 검은 꿈
파이프엔 조용히 타오르는 불꽃도 향기론데

연기는 돛대처럼 내려 항구에 돌고
옛날의 들창마다 눈동자엔 짜운 소금이 절여

바람 불고 눈보라 치잖으면 못 살리라
매운 술을 마셔 돌아가는 그림자 발자취 소리

숨 막힐 마음속에 어디 강물이 흐르뇨.
달은 강을 따르고 나는 차디찬 강 맘에 드리노라.

수만 호 빛이라야 할 내 고향이언만
노랑나비도 오잖는 무덤 위에 이끼만 푸르러라.

●●● 이 시는 〈노정기〉와 같은 맥락의 작품으로 실향(失鄕) 의식을 표출하고 있다. 고향을 잃고 어디론가 떠나게 된 화자는 '수만호 빛이래야 할' 고향에 대한 바람을 갖고 있지만, '노랑나비도 오잖는 무덤 위에 이끼만 푸르른' 현실의 고향을 생각하며 갈등을 겪고 있다. 주제는 '고향 상실(실향 의식)과 현실 인식' 이다. ●●●

교목

푸른 하늘에 닿을 듯이
세월에 불타고 우뚝 남아 서서
차라리 봄도 꽃피진 말아라.

낡은 거미집 휘두르고
끝없는 꿈길에 혼자 설레이는
마음은 아예 뉘우침 아니라.

검은 그림자 쓸쓸하면
마침내 호수 속 깊이 거꾸러져
차마 바람도 흔들진 못해라.

이 시는 비극적 상황 속에서 자신을 불태우면서 죽음으로써 대처하겠다는 준엄한 저항 정신을 보여 주고 있다. 각 연의 끝을 '말아라, 아니라, 못해라' 등의 부정어를 사용함으로써 강인한 저항 의지를 드러내고 있다. 이 시의 제재 '교목'은 '높게 우뚝 서 있는 나무'로서, 일제의 억압 속에서 굽힘 없이 살고자 한 시인의 자세를 형상화한 것이라 할 수 있다. 주제는 '부정적 현실에 굴하지 않는 꿋꿋한 의지'이다.

파초

항상 앓는 나의 숨결이 오늘은
해월海月처럼 게을러 은빛 물결에 뜨나니

파초 너의 푸른 옷깃을 들어
이닷 타는 입술을 축여 주렴.

그 옛적 사라센의 마지막 날엔
기약 없이 흩어진 두 날 넋이었어라.

젊은 여인들이 잡아 못논 소매 끝엔
고운 손금조차 아직 꿈을 짜는데

먼 성좌星座와 새로운 꽃들을 볼 때마다
잊었던 계절을 몇 번 눈 위에 그렸느뇨.

차라리 천 년 뒤 이 가을밤 나와 함께
빗소리는 얼마나 긴가 재어 보자.

그리고 새벽하늘 어디 무지개 서면
무지개 밟고 다시 끝없이 헤어지세.

절정絶頂

매운 계절季節의 채쭉에 갈겨
마츰내 북방北方으로 휩쓸려오다.

하늘도 그만 지쳐 끝난 고원高原
서리빨 칼날진 그 우에 서다.

어데다 무릎을 꿇어야 하나
한 발 재겨 디딜 곳조차 없다.

이러매 눈 감아 생각해 볼밖에
겨울은 강철로 된 무지갠가 보다.

이 시는 암담한 식민지 시대의 절망적 상황 속에서 그것을 초극하려는 의지를 표현한 작품이다. 현실적 삶이 위축되어 극한의 상황에 처했을 때, 비로소 새롭게 확대된 삶을 위한 전기(轉機)가 마련된다는 내용을 담고 있는 이 작품은 수난의 현실을 극복하려는 의지와 일제에 대한 저항 의식을 담은 저항시의 백미이다. 극한적 한계 상황을 객관화하여 바라보는 자기 관조의 여유, 가열차고 준엄한 선비의 자세, 정연한 한시와 같은 구조, 대륙적이고 남성적인 당당한 목소리 – 육사 시의 진면목을 유감없이 보여 주는 작품이다.

독백

운모처럼 희고 찬 얼굴
그냥 주검에 물든 줄 아나
내 지금 달 아래 서서 있네.

돛대보다 높다란 어깨
얕은 구름 쪽 거미줄 가려
파도나 바람을 귀 밑에 듣네.

갈매긴 양 떠도는 심사
어디 하난들 끝 간 델 알리
으릇한 사념을 기폭에 흘리네.

선창마다 푸른 막 치고
촛불 향수에 찌르르 타면
운하는 밤마다 무지개 지네.

박쥐 같은 날개나 펴면
아주 흐린 날 그림자 속에
떠서는 날잖은 사복이 됨세.

닭소리나 들리면 가랴
안개 뽀얗게 내리는 새벽
그곳을 가만히 내려서 감세.

황혼

내 골방의 커튼을 걷고
정성된 마음으로 황혼을 맞아들이노니
바다의 흰 갈매기들같이도
인간은 얼마나 외로운 것이냐.

황혼아, 내 부드러운 손을 힘껏 내밀라
내 뜨거운 입술을 맘대로 맞추어 보련다.
그리고 네 품안에 안긴 모든 것에게
나의 입술을 보내게 해 다오.

저-십이 성좌星座의 반짝이는 별들에게도
종소리 저문 삼림 속 그윽한 수녀들에게도
시멘트 장판 위 그 많은 수인囚人들에게도
의지 가지 없는 그들의 심장이 얼마나 떨고 있는가.

고비 사막을 걸어가는 낙타 탄 행상에게나
아프리카 녹음 속 활 쏘는 토인들에게라도
황혼아, 네 부드러운 품안에 안기는 동안이라도
지구의 반쪽만을 나의 타는 입술에 맡겨 다오.

내 오월의 골방이 아늑도 하니
황혼아, 내일도 또 저-푸른 커튼을 걷게 하겠지.
암암暗暗히 사라지는 시냇물 소리 같아서
한 번 식어지면 다시는 돌아올 줄 모르나 보다.

-5월의 병상에서

〈신조선〉(1933)에 발표된 육사의 최초의 시로 알려지고 있다. 이 시를 이해하기 위해서는 우선 화자가 처해 있는 배경인 '골방'과 '황혼'의 함축적 의미를 알아야 한다. '골방'은 화자가 처해 있는 밀실이지만 도피의 공간이 아니고, 번민과 고뇌를 통하여 지구의 반쪽을 내다볼 수 있는 열려진 공간이다. '황혼'은 스스로는 사라지면서도 더욱 붉은 빛으로 모든 것을 품안에 안을 수 있는 사랑, 평화, 안식의 시간을 뜻한다. 주제는 '따뜻한 인간애(황혼을 통한 자아와 세계의 동일성 추구)'이다.

나의 뮤즈

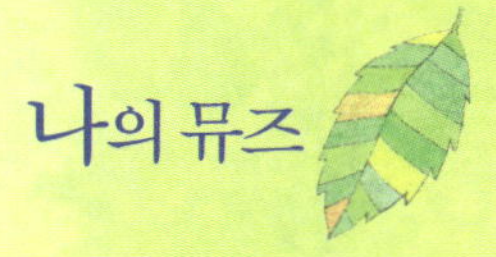

아주 헐벗은 나의 뮤즈는
한 번도 기야 싶은 날이 없어
사뭇 밤만을 왕자처럼 누려 왔소.

아무것도 없는 주제였건만도
모든 것이 제 것인 듯 뻗대는 멋이야
그냥 인드라의 영토를 날아도 다닌다오.

고향은 어디라 물어도 말은 않지만
처음은 정녕 북안 매운바람 속에 자라
대곤大鯤을 타고 다녔단 것이 일생의 자랑이죠.

계집을 사랑커든 수염이 너무 주체스럽다도
취하면 행랑 뒷골목을 돌아서 다니며
보다 크고 흰 귀를 자주 망토로 가리오.

그러나 나와는 몇 천 겁劫 동안이나
바로 비취가 녹아나는 듯한 돌샘가에
향연이 벌어지면 부르는 노래란 목청이 외골수요

밤도 시진하고 닭소리 들릴 때면
그만 그는 별 계단을 성큼 올라가고
나는 촛불도 꺼져 백합꽃 밭에 옷깃이 젖도록 잤소.

꽃

동방은 하늘도 다 끝나고
비 한 방울 내리잖는 그때에도
오히려 꽃은 빨갛게 피지 않는가.
내 목숨을 꾸며 쉬임없는 날이여.

북쪽 툰드라에도 찬 새벽은
눈 속 깊이 꽃*맹아리가 움직거려
제비 떼 까맣게 날아오길 기다리나니
마침내 저버리지 못할 약속이여

한바다 복판 용솟음치는 곳
바람결 따라 타오르는 꽃성에는
나비처럼 취하는 회상의 무리들아
오늘 내 여기서 너를 불러 보노라.

* 맹아리 : 꽃망울의 경상북도 방언.

〈황혼〉에서 보여 준 안식과 평화를 향한 육사의 의지는 〈연보〉, 〈노정기〉와 같은 비극적 자아 인식으로 깊어져 삶의 비약적 상승과 희망을 꿈꾸는 이 〈꽃〉이란 작품으로 개화하게 된다. 극한의 식민지 시대 상황 속에서도 '기다림' 과 '믿음' 의 강인한 의지를 표출하고 있는 이 시는 시적 상황 전체가 상징적 의미를 띠고 있다. 주제는 '새 생명 탄생의 의지(참된 삶에 대한 의지와 기다림)' 이다.

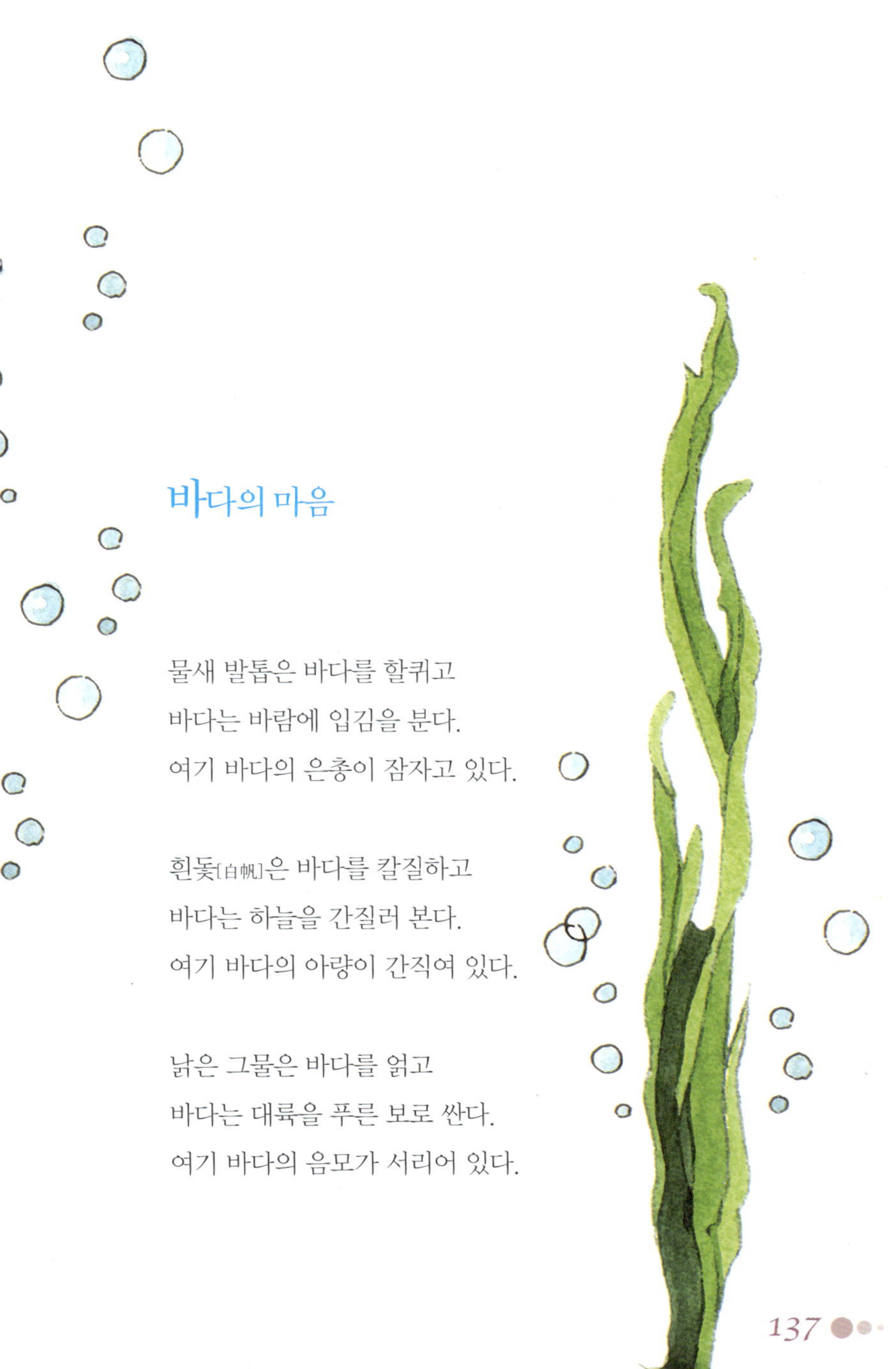

바다의 마음

물새 발톱은 바다를 할퀴고
바다는 바람에 입김을 분다.
여기 바다의 은총이 잠자고 있다.

흰돛[白帆]은 바다를 칼질하고
바다는 하늘을 간질러 본다.
여기 바다의 아량이 간직여 있다.

낡은 그물은 바다를 얽고
바다는 대륙을 푸른 보로 싼다.
여기 바다의 음모가 서리어 있다.

광야曠野

까마득한 날에
하늘이 처음 열리고
어디 닭 우는 소리 들렸으랴.

모든 산맥들이
바다를 연모해 휘달릴 때도
차마 이곳을 범하던 못 하였으리라.

끊임없는 광음光陰을
부지런한 계절이 피어선 지고
큰 강물이 비로소 길을 열었다.

지금 눈 내리고
매화 향기 홀로 아득하니
내 여기 가난한 노래의 씨를 뿌려라.

다시 천고天古의 뒤에
백마를 타고 오는 초인超人이 있어
이 광야에서 목놓아 부르게 하리라.

광막한 공간과 아득한 시간을 배경으로 강인한 지사적 의지를 노래한 시다. 화자는 이곳에 서서 태초를 포함한 역사를 생각하고, 미래의 찬란한 역사를 위해서 자신을 희생할 것을 생각하고 있다. 이 시에 나오는 '매화 향기'는 '고고한 기상, 강인한 기품' 또는 '민족정기'로 해석된다. 주제는 '조국 광복에의 신념과 의지(새 역사 창조의 의지)'이다.

연보年譜

"너는 돌다릿목에서 줘 왔다"던
할머니 핀잔이 참이라고 하자.

나는 진정 강언덕 그 마을에
떨어진 문받이였는지 몰라.

그러기에 열여덟 새봄은
버들피리 곡조에 불어 보내고

첫사랑이 흘러간 항구의 밤
눈물 섞어 마신 술, 피보다 달더라.

공명이 마다곤들 언제 말이나 했나.
바람에 붙여 돌아온 고장도 비고

서리 밟고 걸어간 새벽 길 위에
간肝 잎만이 새하얗게 단풍이 들어

거미줄만 발목에 걸린다 해도
쇠사슬을 잡아맨 듯 무거워졌다.

눈 위에 걸어가면 자국이 지리라.
때로는 설레이며 바람도 불지.

이 시는 화자가 일상생활에서 느끼는 고통과 질곡, 불안 의식 등을 잔잔한 어조로 솔직 담백하게 펼쳐 보이고 있다. 그는 항일투쟁 속에서도 한 인간으로서 겪던 고뇌와 좌절을 솔직히 표출한 시를 발표하기도 하였는데, 그런 특징을 드러내는 작품으로는 〈연보〉와 〈노정기〉 등을 들 수 있다.

소공원

　　한낮은 햇발이
백공작白孔雀 꼬리 위에 함북 퍼지고

그늠에 비둘기 보리밭에 두고 온
사랑이 그립다고 근심스레 코고을며

해오라비 청춘을 물가에 흘려보냈다고
쭈그리고 앉아 비를 부르건만은

흰 오리 떼만 분주히 미끼를 찾아
자무락질치는 소리 약간 들리고

언덕은 잔디밭 파라솔 돌리는 이국 소녀 둘
해당화 같은 뺨을 돌려 망향가도 부른다.

서풍

서리빛을 함북 띠고
하늘 끝없이 푸른 데서 왔다.

강바닥에 깔려 있다가
갈대꽃 하얀 우를 스쳐서

장사의 큰 칼집에 스며서는
귀향 가는 손의 돛대도 불어 주고

젊은 과부의 뺨도 희던 날
대밭에 벌레 소릴 가꾸어 놓고

회한悔恨을 사시나무 잎처럼 흔드는
네 오면 불길할 것 같아 좋아라.

노정기路程記

목숨이란 마치 깨어진 뱃조각.
여기저기 흩어져 마을이 구죽죽한 어촌보담 어설프고
삶의 티끌만 오래 묵은 포범布帆처럼 달아매었다.

남들은 기뻤다는 젊은 날이었건만
밤마다 내 꿈은 서해를 밀항하는 정크와 같애
소금에 절고 조수에 부풀어 올랐다.

항상 흐릿한 밤 암초를 벗어나면 태풍과 싸워 가고
전설에 읽어 본 산호도는 구경도 못 하는
그곳은 남십자성이 비쳐 주지도 않았다.

쫓기는 마음 지친 몸이길래
그리운 지평선을 한숨에 기오르면
시궁치는 열대식물처럼 발목을 오여쌌다.

새벽 밀물에 밀려온 거미이냐.
다 삭아 빠진 소라 껍질에 나는 붙어 왔다
먼 항구의 노정에 흘러간 생활을 들여다보며.

육사 시는 조국의 상실이라는 극한적 상황에 의한 비극적인 자기 인식으로부터 출발한다. 따라서 그의 초기 시에 주로 나타나는 심상은 '어둠'의 이미지이다. 조국을 잃고 세계와 단절되어 빛을 잃은 그가 어둠 속을 걸어온 자신의 삶의 역정을 노래한 대표적인 작품이 바로 이 〈노정기〉이다. 주제는 '과거의 어두운 삶 회고' 이다.

한용운 편

한용운(韓龍雲, 만해, 1879~1944)

충남 홍성에서 태어난 만해는 어린 시절에 고향에서 한학을 배웠고, 18세 때인 1896년에 고향을 떠나 백담사 등을 전전하며 수년 간 불교서적을 읽었다. 한국 근대 불교계에서 혁신적인 사상과 활동을 펼쳤던 만해는 3 · 1독립선언에 민족대표로 참가하는 등 일제강점기의 혁명적인 독립운동에도 앞장섰다. 그가 이룩한 문학적 업적도 불교개혁사상이나 민족독립사상 그리고 그 실천과 무관하지 않은데, 그의 문학 활동은 시에서 출발하여 시조와 한시 및 장편소설로까지 확산되었으나, 가장 의미 있는 성과를 낳은 것은 역시 〈님의 침묵〉으로 대표되는 시 장르이다.
만해는 일제의 극심한 탄압 속에서도 굴하지 않고 비타협적인 독립사상을 견지하다가, 조선총독부와 마주보기 싫다며 북향으로 지은 성북동 집에서 66세의 나이로 세상을 떠났다.

첫 키스

마셔요, 제발 마셔요.
보면서 못 보는 체 마셔요.
마셔요, 제발 마셔요.
입술을 다물고 눈으로 말하지 마셔요.
마셔요, 제발 마셔요.
뜨거운 사랑에 웃으면서 차디찬 잔 부끄럼에 울지 마셔요.
마셔요, 제발 마셔요.
세계의 꽃을 혼자 따면서 항분亢奮에 넘쳐서 떨지 마셔요.
마셔요, 제발 마셔요.
미소는 나의 운명의 섬에서 춤을 춥니다.
새삼스럽게 스스러워 마셔요.

님의 침묵

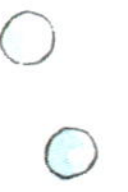

님은 갔습니다. 아아, 사랑하는 나의 님은 갔습니다.
푸른 산빛을 깨치고 단풍나무 숲을 향하여 난 작은 길을 걸어서 차마 떨치고 갔습니다.
황금의 꽃같이 굳고 빛나던 옛 맹세는 차디찬 티끌이 되어서 한숨의 미풍에 날아갔습니다.
날카로운 첫 키스의 추억은 나의 운명의 지침指針을 돌려놓고 뒷걸음쳐서 사라졌습니다.
나는 향기로운 님의 말소리에 귀먹고 꽃다운 님의 얼굴에 눈멀었습니다.
사랑도 사람의 일이라 만날 때에 미리 떠날 것을 염려하고 경계하지 아니한 것은 아니지만, 이별은 뜻밖의 일이 되고 놀란 가슴은 새로운 슬픔에 터집니다.
그러나 이별을 쓸데없는 눈물의 원천으로 만들고 마는 것은, 스스로 사랑을 깨치는 것인 줄 아는 까닭에, 걷잡을 수 없는 슬픔의 힘을 옮겨서 새 희망의 정수배기에 들어부었습니다.

우리는 만날 때에 떠날 것을 염려하는 것과 같이 떠날 때에 다시 만날 것을 믿습니다.

아아, 님은 갔지마는 나는 님을 보내지 아니하였습니다.

제 곡조를 못 이기는 사랑의 노래는 님의 침묵을 휩싸고 돕니다.

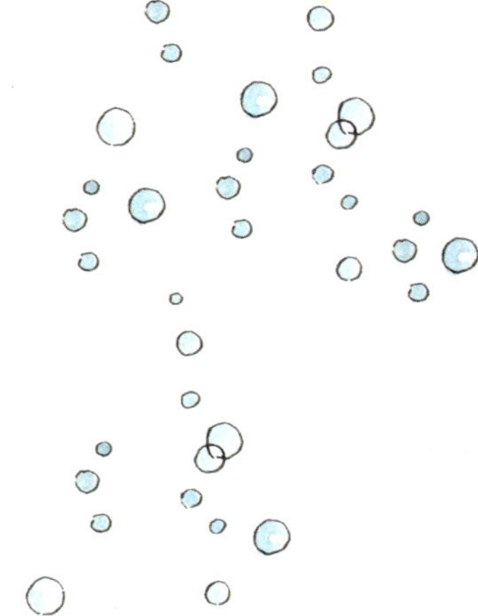

이 시는 만해 한용운의 대표작이다. 빼앗긴 땅과 민족을 되찾으려는 끈질긴 의지를 담고 있으며, 은유와 역설을 뛰어나게 구사하여 사상성과 예술성을 조화시킨 시이다. 여기에서 '님'은 단순한 님이 아니라 조국으로 보기도 하고, 절대자로 보는 견해도 있다. 그리고 '침묵'은 이별이 아니라 그 조국을 잃은 식민지 상황을 의미한다. 주제는 '님에 대한 영원한 사랑(존재의 회복을 위한 신념과 희구)'이다.

그를 보내며

그는 간다. 그가 가고 싶어서 가는 것도 아니요, 내가 보내고 싶어서 보내는 것도 아니지만 그는 간다.

그의 붉은 입술, 흰 이, 가는 눈썹이 어여쁜 줄만 알았더니 구름 같은 뒷머리, 실버들 같은 허리, 구슬 같은 발꿈치가 보다도 아름답습니다.

걸음이 걸음보다 멀어지더니 보이려다 말고 말려다 보인다.

사람이 멀어질수록 마음은 가까워지고 마음이 가까워질수록 사람은 멀어진다.

보이는 듯한 것이 그의 흔드는 수건인가 하였더니 갈매기보다도 작은 조각구름이 난다.

복종

남들은 자유를 사랑한다지마는, 나는 복종을 좋아하여요.
자유를 모르는 것은 아니지만, 당신에게는 복종만 하고 싶어요.
복종하고 싶은데 복종하는 것은 아름다운 자유보다도 달콤합니다.
그것이 나의 행복입니다.

그러나 당신이 나더러 다른 사람을 복종하라면,
그것만은 복종할 수가 없습니다.
다른 사람을 복종하려면 당신에게 복종할 수 없는 까닭입니다.

이 시를 이해하기 위해서는 '당신에게 복종하는 것이 왜 나의 행복이라고 하는가' 를 파악하고, 아울러 '당신 이외의 다른 사람에게 복종할 수 없다는 것은 무슨 뜻인가' 를 역사적 상황과 관련지어 살펴봐야 한다. 그것은 바로, 다른 나라(일본)에 복종(충성)하기 위해서는 조국을 배반해야 하기 때문이다. 주제는 '절대자에의 복종의 기쁨' 이다.

님의 얼굴

님의 얼굴을 '어여쁘다' 고 하는 말은 적당한 말이 아닙니다.
어여쁘다는 말은 인간 사람의 얼굴에 대한 말이요, 님은
인간의 것이라고 할 수가 없을 만치 어여쁜 까닭입니다.

자연은 어찌하여 그렇게 어여쁜 님을 인간으로 보냈는지
아무리 생각하여도 알 수가 없습니다.
알겠습니다. 자연의 가운데에는 님의 짝이 될 만한 무엇이
없는 까닭입니다.

님의 입술 같은 연꽃이 어디 있어요. 님의 살빛 같은 백옥이
어디 있어요.
봄 호수에서 님의 눈결 같은 잔물결을 보았습니까.
아침볕에서 님의 미소 같은 방향芳香을 들었습니까.
천국의 음악은 님의 노래의 반향反響입니다.
아름다운 별들은 님의 눈빛의 화현化現입니다.

아아, 나는 님의 그림자여요.
님은 님의 그림자밖에는 비길 만한 것이 없습니다.
님의 얼굴을 어여쁘다고 하는 말은 적당한 말이 아닙니다.

꽃이 먼저 알아

옛집을 떠나서 다른 시골에 봄을 만났습니다.
꿈은 이따금 봄바람을 따라서 아득한 옛터에 이릅니다.
지팡이는 푸르고 푸른 풀빛에 묻혀서 그림자와
서로 따릅니다.

길가에서 이름도 모르는 꽃을 보고서 행여 근심을
잊을까 하고 앉았습니다.
꽃송이에는 아침이슬이 아직 마르지 아니한가
하였더니, 아아, 나의 눈물이 떨어진 줄이야 꽃이
먼저 알았습니다.

찬송

님이여, 당신은 백 번이나 단련한 금金결입니다.
뽕나무 뿌리가 산호가 되도록 천국의 사랑을 받읍소서.
님이여, 사랑이여, 아침볕의 첫걸음이여.

님이여, 당신은
의義가 무거웁고 황금이 가벼운 것을 잘 아십니다.
거지의 거친 밭에 복福의 씨를 뿌리옵소서.
님이여, 사랑이여, 옛 오동梧桐의 숨은 소리여.

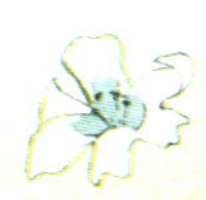

님이여, 당신은 봄과 광명光明과 평화를 좋아하십니다. 약자弱者의 가슴에 눈물을 뿌리는 자비의 보살이 되옵소서.
님이여, 사랑이여, 얼음바다에 봄바람이여!

이 시는 '님'에 대한 송시(頌詩)이지만, 님의 실체는 그 비유로 어림짐작이 가는 어떤 존재일 뿐 명확히 드러나지는 않는다. 그것은 사랑하는 사람일 수도 있고, 부처일 수도 있고, 우주의 근본 원리일 수도 있으며, 작가가 독립운동가라는 점에서 볼 때 조국이나 민족일 수도 있다. 주제는 '님에 대한 송축과 기원'이다.

사랑하는 까닭

내가 당신을 사랑하는 것은 까닭이 없는 것이 아닙니다.
다른 사람들은 나의 홍안紅顔만을 사랑하지마는 당신은
나의 백발白髮도 사랑하는 까닭입니다.

내가 당신을 기루어 하는 것은 까닭이 없는 것이 아닙니다.
다른 사람들은 나의 미소만을 사랑하지마는 당신은 나의
눈물도 사랑하는 까닭입니다.

내가 당신을 기다리는 것은 까닭이 없는 것이 아닙니다.
다른 사람들은 나의 건강만을 사랑하지마는 당신은 나의
죽음도 사랑하는 까닭입니다.

당신의 편지

당신의 편지가 왔다기에 꽃밭 매던 호미를 놓고 떼어 보았습니다.
그 편지의 글씨는 가늘고 글줄은 많으나 사연은 간단합니다.
만일 님이 쓰신 편지이면 글은 짧을지라도 사연은 길 터인데.

당신의 편지가 왔다기에 바느질 그릇을 치워 놓고 떼어 보았습니다.
그 편지는 나에게 잘 있느냐고만 묻고 언제 오신다는 말은 조금도 없습니다.
만일 님이 쓰신 편지이면 나의 일은 묻지 않더라도 언제 오신다는 말을 먼저 썼을 터인데.

당신의 편지가 왔다기에 약을 달이다 말고 떼어 보았습니다.
그 편지는 당신의 주소는 다른 나라의 군함軍艦입니다.
만일 님이 쓰신 편지이면 남의 군함에 있는 것이 사실이라 할지라도 편지에는 군함에서 떠났다고 하였을 터인데.

여름밤이 길어요

당신이 계실 때에는 겨울밤이 짧더니 당신이 가신 뒤에는 여름밤이 길어요.
책력의 내용이 그릇되었나 하였더니 개똥불이 흐르고 벌레가 웁니다.
긴 밤은 어디서 오고 어디로 가는 줄을 분명히 알았습니다.
긴 밤은 근심바다의 첫 물결에서 나와서 슬픈 음악이 되고 아득한 사막이 되더니 필경 절망의 성城 너머로 가서 악마의 웃음 속으로 들어갑니다.

그러나 당신이 오시면 나는 사랑의 칼을 가지고 긴 밤을 베어서 일천 토막을 내겠습니다.
당신이 계실 때는 겨울밤이 짧더니 당신이 가신 뒤는 여름밤이 길어요.

당신을 보았습니다

당신이 가신 뒤로 나는 당신을 잊을 수가 없습니다.
까닭은 당신을 위하느니보다 나를 위함이 많습니다.

나는 갈고 심을 땅이 없으므로 추수가 없습니다.
저녁거리가 없어서 조나 감자를 꾸러 이웃집에 갔더니 주인은 "거지는 인격이 없다. 인격이 없는 사람은 생명이 없다. 너를 도와주는 것은 죄악이다"고 말하였습니다.
그 말을 듣고 돌아 나올 때에 쏟아지는 눈물 속에서 당신을 보았습니다.

나는 집도 없고 다른 까닭을 겸하여 민적民籍이 없습니다.
"민적 없는 자는 인권이 없다. 인권이 없는 너에게 무슨 정조냐." 하고 능욕하려는 장군이 있었습니다.
그를 항거한 뒤에 남에게 대한 격분이 스스로의 슬픔으로 화化하는 찰나에 당신을 보았습니다.

아아, 온갖 윤리, 도덕, 법률은 칼과 황금을 제사지내는 연기인 줄을 알았습니다.
영원의 사랑을 받을까, 인간 역사의 첫 페이지에 잉크 칠을 할까, 술을 마실까 망설일 때에 당신을 보았습니다.

식민지 시대의 굴욕적인 삶의 절망을 극복하고 참다운 가치로서의 '당신' 을 노래한 시로, 부정적 현실 인식에서 출발한다. 현실의 모습은 마땅히 있어야 할 것의 '없음' 으로 파악되고 있다. '땅이 없고' '추수가 없고' '인격이 없고' '생명이 없고' '민적이 없고' '인권이 없다' 라는 구절에는 절망적 현실 인식이 선명하게 드러나 있다. 주제는 '굴욕적인 삶의 절망을 극복하고 진정한 가치를 추구함' 이다.

거짓 이별

당신과 나와 이별한 때가 언제인지 아십니까.
가령 우리가 좋을 대로 말하는 것과 같이 거짓 이별이라 할지라도
나의 입술이 당신의 입술에 닿지 못하는 것은 사실입니다.
이 거짓 이별은 언제나 우리에게서 떠날 것인가요.
한 해 두 해 가는 것이 얼마 아니 된다고 할 수가 없습니다.
시들어 가는 두 볼의 도화桃花가 무정한 봄바람에 몇 번이나
스쳐서 낙화가 될까요.
회색이 되어 가는 두 귀 밑의 푸른 구름이 쬐는 가을볕에 얼마나
바래서 백설이 될까요.

머리는 희어 가도 마음은 붉어 갑니다.
피는 식어 가도 눈물은 더워 갑니다.
사랑의 언덕엔 사태가 나도 희망의 바다엔 물결이 뛰놀아요.

이른바 거짓 이별이 언제든지 우리에게서 떠날 줄만은 알아요.
그러나 한 손으로 이별을 가지고 가는 날은 또 한 손으로
죽음을 가지고 와요.

지는 해

지는 해는
성공한 영웅의 말로末路같이
아름답기도 하고 슬프기도 하다.

창창蒼蒼한 남은 빛이
높은 산과 먼 강을 비치어서
현란한 최후를 장식하더니
홀연히 엷은 구름의 붉은 소매로
뚜렷한 얼굴을 슬쩍 가리며
결별의 미소를 띄운다.

큰 강의 급한 물결은 만가輓歌를 부르고
뭇산의 비낀 그림자는 임종의 역사를 쓴다.

타고르의 시詩를 읽고

벗이여, 나의 벗이여. 애인의 무덤 위에 피어 있는 꽃처럼 나를 울리는 벗이여!
작은 새의 자취도 없는 사막의 밤에 문득 만난 님처럼 나를 기쁘게 하는 벗이여!
그대는 옛 무덤을 깨치고 하늘까지 사무치는 백골白骨의 향기입니다.
그대는 화환을 만들려고 떨어진 꽃을 줍다가 다른 가지에 걸려서 주운 꽃을 헤치고 부르는 절망인 희망의 노래입니다.

벗이여, 깨어진 사랑에 우는 벗이여!

눈물이 능히 떨어진 꽃을 옛 가지에 도로 피게 할 수는 없습니다.
눈물이 떨어진 꽃에 뿌리지 말고, 꽃나무 밑의 티끌에 뿌리셔요.

벗이여, 나의 벗이여!
죽음의 향기가 아무리 좋다 하여도 백골의 입술에 입맞출 수는 없습니다.
그의 무덤을 황금의 노래로 그물 치지 마셔요. 무덤 위에 피 묻은 깃대를 세우셔요.
그러나 죽은 대지가 시인의 노래를 거쳐서 움직이는 것을 봄바람은 말합니다.

벗이여! 부끄럽습니다. 나는 그대의 노래를 들을 때에 어떻게 부끄럽고 떨리는지 모르겠습니다.
그것은 내가 나의 님을 떠나서 홀로 그 노래를 듣는 까닭입니다.

만해가 타고르의 시에 상당히 감동을 받았으면서도 타고르의 시에 나타나는 초월적 세계에의 지향에 대해 많은 이견을 가졌던 것으로 보인다. 만해는 이 시를 통해 지금과 같은 암울한 상황 하에서 필요한 것은 절망적 노래가 아니라, 현실 상황과 대결하며 그 속에서 가치 있는 삶을 이루는 일임을 강조하고 있다. 주제는 '부정적 현실을 극복하기 위한 시 창작의 의지' 이다.

당신의 마음

나는 당신의 눈썹이 검고 귀가 갸름한 것도 보았습니다.
그러나 당신의 마음을 보지 못하였습니다.
당신이 사과를 따서 나를 주려고 크고 붉은 사과를 따로
쌀 때에 당신의 마음이 그 사과 속으로 들어가는 것을
분명히 보았습니다.

나는 당신의 둥근 배와 잔나비 같은 허리를 보았습니다.
그러나 당신의 마음을 보지 못하였습니다.
당신이 나의 사진과 어떤 여자의 사진을 같이 들고
볼 때에 당신의 마음이 두 사진의 사이에서 초록빛이
되는 것을 분명히 보았습니다.

나는 당신의 발톱이 희고 발꿈치가 둥근 것도 보았습니다.
그러나 당신의 마음을 보지 못하였습니다.
당신이 떠나시려고 나의 큰 보석 반지를 주머니에 넣으실
때에 당신의 마음이 보석 반지 너머로 얼굴을 가리고
숨는 것을 분명히 보았습니다.

쾌락快樂

님이여, 당신은 나를 당신 계실 때처럼 잘 있는 줄로
아십니까.
그러면 당신은 나를 아신다고 할 수가 없습니다.

당신이 나를 두고 멀리 가신 뒤로는 나는 기쁨이라고는
달도 없는 가을하늘에 외기러기의 발자취만큼도
없습니다.

거울을 볼 때에 절로 오던 웃음도 오지 않습니다.
꽃나무를 심고 물 주고 북돋우던 일도 아니합니다.
고요한 달그림자가 소리없이 걸어와서 엷은 창에
소곤거리는 소리도 듣기 싫습니다.
가물고 더운 여름하늘에 소낙비가 지나간 뒤에
산모롱이의 작은 숲에서 나는 서늘한 맛도 달지 않습니다.
동무도 없고 노리개도 없습니다.

나는 당신 가신 뒤에 이 세상에서 얻기 어려운
쾌락이 있습니다.
그것은 다른 것이 아니라 이따금 실컷 우는 것입니다.

비밀

비밀입니까, 비밀이라니요. 나에게 무슨 비밀이 있겠습니까.

나는 당신에게 대하여 비밀을 지키려고 하였습니다마는 비밀은 야속히도 지켜지지 아니하였습니다.

나의 비밀은 눈물을 거쳐서 당신의 시각視覺으로 들어갔습니다.
나의 비밀은 한숨을 거쳐서 당신의 청각聽覺으로 들어갔습니다.
나의 비밀은 떨리는 가슴을 거쳐서 당신의 촉각으로 들어갔습니다.
그 밖의 비밀은 한 조각 붉은 마음이 되어서 당신의 꿈으로 들어갔습니다.
그리고 마지막 비밀은 하나 있습니다. 그러나 그 비밀은 소리 없는 메아리와 같아서 표현할 수가 없습니다.

포도주

가을바람과 아침볕에 마침맞게 익은 향기로운 포도를 따서 술을 빚었습니다. 그 술 괴는 향기는 가을하늘을 물들입니다.
님이여, 그 술을 연잎 잔에 가득히 부어서 님에게 드리겠습니다.
님이여, 떨리는 손을 거쳐서 타오르는 입술을 축이셔요.

님이여, 그 술은 한밤을 지나면 눈물이 됩니다.
아아, 한밤을 지나면 포도주가 눈물이 되지마는, 또 한밤을 지나면 나의 눈물이 다른 포도주가 됩니다.
오오, 님이여.

알 수 없어요

바람도 없는 공중에 수직垂直의 파문을 내이며 고요히 떨어지는 오동잎은 누구의 발자취입니까.

지리한 장마 끝에 서풍에 몰려가는 무서운 검은 구름의 터진 틈으로 언뜻언뜻 보이는 푸른 하늘은 누구의 얼굴입니까.

꽃도 없는 깊은 나무에 푸른 이끼를 거쳐서 옛 탑 위의 고요한 하늘을 스치는 알 수 없는 향기는 누구의 입김입니까.

근원은 알지도 못할 곳에서 나서 돌부리를 울리고 가늘게 흐르는 작은 시내는 굽이굽이 누구의 노래입니까.

연꽃 같은 발꿈치로 가이없는 바다를 밟고, 옥 같은 손으로 끝없는 하늘을 만지면서 떨어지는 날을 곱게 단장하는 저녁놀은 누구의 시詩입니까?

타고 남은 재가 다시 기름이 됩니다. 그칠 줄을 모르고 타는 나의 가슴은 누구의 밤을 지키는 약한 등불입니까?

이 시는 〈님의 침묵〉과 함께 만해의 대표작으로 평가받고 있다. 여기에 나오는 '누구'는 자연으로 봐야 할 것이며, 마지막 5행의 '누구'는 절대자이다. 님에 대한 절실한 소망을 강하게 표출하면서도 평이한 말씨로 이어지고, 정연한 구조 속에 내면의 깊이와 함께 역동성을 확보하고 있다. 주제는 '절대자에 대한 신앙 고백의 노래'이다.

나는 잊고자

남들은 님을 생각한다지만
나는 님을 잊고자 하여요.
잊고자 할수록 생각하기로
행여 잊힐까 하고 생각하여 보았습니다.

잊으려면 생각하고
생각하면 잊히지 아니하니
잊도 말고 생각도 말아 볼까요.
잊든지 생각든지 내버려두어 볼까요.
그러나 그리도 아니 되고
끊임없는 생각 생각에 님뿐인데 어찌하여요.

구태여 잊으려면
잊을 수가 없는 것은 아니지만
잠과 죽음뿐이기로
님 두고는 못 하여요.
아아, 잊히지 않는 생각보다
잊고자 하는 그것이 더욱 괴롭습니다.

가지 마셔요

그것은 어머니의 가슴에 머리를 숙이고, 아기자기한 사랑을 받으려고 삐죽거리는 입술로 표정하는 어여쁜 아기씨를 싸안으려는 사랑의 날개가 아니라 적敵의 깃발입니다.
그것은 자비의 백호광명白虎光明이 아니라 번득거리는 악마의 눈빛입니다.
그것은 면류관과 황금의 누리와 죽음과를 본 체도 아니하고 몸과 마음을 돌돌 뭉쳐서 사랑의 바다에 풍덩 넣으려는 사랑의 여신女神이 아니라 칼의 웃음입니다.
아아 님이여, 위안慰安에 목마른 나의 님이여. 걸음을 돌리셔요, 거기를 가지 마셔요, 나는 싫어요.

대지(大地)의 음악은 무궁화 그늘에 잠들었습니다.
광명의 꿈은 검은 바다에 자맥질합니다.
무서운 침묵은 만상萬象의 속살거림에 서슬이 푸른 교훈을 내리고 있습니다.
아아 님이여, 이 새 생명의 꽃에 취하려는 나의 님이여, 걸음을 돌리셔요, 거기를 가지 마셔요, 나는 싫어요.

거룩한 천사의 세례를 받은 순결한 청춘을 똑 따서 그 속에 자기의 생명을 넣어 그것을 사랑의 제단祭壇에 제물祭物로 드리는 어여쁜 처녀가 어디 있어요.
달콤하고 맑은 향기를 꿀벌에게 주고 다른 꿀벌에게 주지 않는 이상한 백합꽃이 어디 있어요.
자신의 전체를 죽음의 청산靑山에 장사지내고, 흐르는 빛으로 밤을 두 조각에 베는 반딧불이 어디 있어요.
아아 님이여, 정情에 순사殉死하려는 나의 님이여. 걸음을 돌리셔요, 거기를 가지 마셔요, 나는 싫어요.

그 나라에는 허공이 없습니다.
그 나라에는 그림자 없는 사람들이 전쟁을 하고 있습니다.
그 나라에는 우주 만상의 모든 생명의 쇳대를 가지고 척도尺度를 초월한 삼엄한 궤율軌律로 진행하는 위대한 시간이 정지되었습니다.
아아 님이여, 죽음을 방향芳香이라고 하는 나의 님이여, 걸음을 돌리셔요, 거기를 가지 마셔요, 나는 싫어요.

고적한 밤

하늘에는 달이 없고 땅에는 바람이 없습니다.
사람들은 소리가 없고 나는 마음이 없습니다.

우주는 죽음인가요.
인생은 잠인가요.

한 가닥은 눈썹에 걸치고, 한 가닥은 작은 별에 걸쳤던
님 생각의 금실은 살살살 걷힙니다.
한 손에는 황금의 칼을 들고 한 손으로 천국의 꽃을 꺾
던 환상의 여왕도 그림자를 감추었습니다.
아아, 님 생각의 금金실과 환상의 여왕이 두 손을 마주
잡고 눈물의 속에서 정사情死한 줄이야 누가 알아요.
우주는 죽음인가요.
인생은 눈물인가요.
인생이 눈물이면
죽음은 사랑인가요.

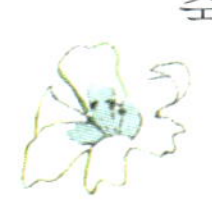

나의 길

이 세상에는 길도 많기도 합니다.
산에는 돌길이 있습니다. 바다에는 뱃길이 있습니다.
공중에는 달과 별의 길이 있습니다.
강가에서 낚시질하는 사람은 모래 위에 발자취를
냅니다. 들에서 나물 캐는 여자는 방초芳草를 밟습니다.
악한 사람은 죄의 길을 좇아갑니다.
의義 있는 사람은 옳은 일을 위하여는 칼날을 밟습니다.
서산에 지는 해는 붉은 놀을 밟습니다.
봄 아침의 맑은 이슬은 꽃머리에서 미끄럼 탑니다.
그러나 나의 길은 이 세상에 둘밖에 없습니다.
하나는 님의 품에 안기는 길입니다.

그렇지 아니하면 죽음의 품에 안기는 길입니다.
그것은 만일 님의 품에 안기지 못하면 다른 길은
죽음의 길보다 험하고 괴로운 까닭입니다.
아아, 나의 길은 누가 내었습니까.
아아, 이 세상에는 님이 아니고는 나의 길을
낼 수가 없습니다.
그런데 나의 길을 님이 내었으면 죽음의 길은
왜 내셨을까요.

꿈 깨고서

님이면은 나를 사랑하련마는 밤마다 문 밖에 와서 발자취 소리만 내이고 한 번도 들어오지 아니하고 도로 가니 그것이 사랑인가요.
그러나 나는 발자취나마 님의 문 밖에 가 본 적이 없습니다.
아마 사랑은 님에게만 있나 봐요.

아아, 발자국 소리가 아니더면 꿈이나 아니 깨었으련마는 꿈은 님을 찾아가려고 구름을 탔었어요.

길이 막혀

당신의 얼굴은 달도 아니건만
산 넘고 물 넘어 나의 마음을 비춥니다.

나의 손길은 왜 그리 짧아서
눈앞에 보이는 당신의 가슴을 못 만지나요.

당신이 오기로 못 올 것이 무엇이며
내가 가기로 못 갈 것이 없지마는
산에는 사다리가 없고
물에는 배가 없어요.

뉘라서 사다리를 떼고 배를 깨뜨렸습니까.
나는 보석으로 사다리를 놓고 진주로 배 모아요.
오시려도 길이 막혀서 못 오시는 당신이 기루어요.

하나가 되어 주세요

님이여, 나의 마음을 가져가려거든 마음을 가진 나에게서 가져가셔요. 그리하여 나로 하여금 님에게서 하나가 되게 하셔요.

그렇지 아니하거든 나에게 고통만을 주지 마시고 님의 마음을 다 주셔요. 그리고 마음을 가진 님에게서 나에게 주셔요. 그래서 님으로 하여금 나에게서 하나가 되게 하셔요.

그렇지 아니하거든 나의 마음을 돌려보내 주셔요. 그리고 나에게 고통을 주셔요.

그러면 나는 나의 마음을 가지고 님이 주시는 고통을 사랑하겠습니다.

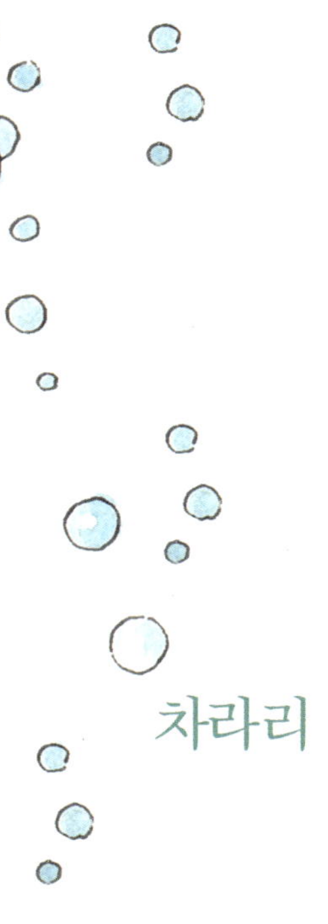

차라리

님이여, 오셔요. 오시지 아니하려면 차라리 가셔요. 가려다 오고 오려다 가는 것은 나에게 목숨을 빼앗고 죽음도 주지 않는 것입니다.
님이여, 나를 책망하려거든 차라리 큰소리로 말씀하여 주셔요, 침묵으로 책망하지 말고. 침묵으로 책망하는 것은 아픈 마음을 얼음 바늘로 찌르는 것입니다.
님이여, 나를 아니 보려거든 차라리 눈을 돌려서 감으셔요. 흐르는 곁눈으로 흘겨보지 마셔요. 곁눈으로 흘겨보는 것은 사랑의 보褓에 가시의 선물을 싸서 주는 것입니다.

나룻배와 행인

나는 나룻배,
당신은 행인.

당신의 흙발로 나를 짓밟습니다.
나는 당신을 안고 물을 건너갑니다.
나는 당신을 안으면 깊으나 얕으나 급한 여울이나 건너 갑니다.

만일 당신이 아니 오시면 바람을 쐬고 눈비를 맞으며
밤에서 낮까지 당신을 기다리고 있습니다.
당신은 물만 건너면 나를 돌아보지도 않고 가십니다 그려.

그러나 당신이 언제든지 오실 줄만은 알아요.
나는 당신을 기다리면서 날마다 날마다 낡아 갑니다.

나는 나룻배,
당신은 행인.

참된 사랑의 본질이 자(慈), 인(忍)에 있음을 노래하고 있는 이 시는 기 · 승 · 전 · 결의 4단 짜임으로 되어 있다. ① 기 : 나와 당신의 관계(제1연). ② 승 : 당신의 무심함과 나의 희생(제2연). ③ 전 : 인고(忍苦)하며 기다리는 나(제3연). ④ 결 : 나와 당신의 관계(제4연). 주제는 '참된 사랑의 본질인 희생과 믿음(불교적 자비와 법인(法忍))' 이다.

잠 없는 꿈

나는 어느 날 밤에 잠 없는 꿈을 꾸었습니다.
"나의 님은 어디 있어요. 나는 님을 보러 가겠습니다.
님에게 가는 길을 가져다가 나에게 주셔요, 님이여."
"너의 가려는 길은 너의 님의 오려는 길이다.
그 길을 가져다 너에게 주면 너의 님은 올 수가 없다."
"내가 가기만 하면 님은 아니 와도 관계가 없습니다."
"너의 님의 오려는 길을 너에게 갖다 주면 너의 님은 다른 길로 오게 된다. 네가 간대도 너의 님을 만날 수가 없다."
"그러면 그 길을 가져다가 나의 님에게 주셔요."
"너의 님에게 주는 것이 너에게 주는 것과 같다.
사람마다 저의 길이 각각 있는 것이다."

"그러면 어찌하여야 이별한 님을 만나 보겠습니까."
"네가 너를 가져다가 너의 가려는 길에 주어라.
그리하고 쉬지 말고 가거라."
"그리 할 마음은 있지마는 그 길에는 고개도 많고 물도
많습니다. 갈 수가 없습니다."
꿈은 "그러면 너의 님을 너의 가슴에 안겨 주마." 하고
나의 님을 나에게 안겨 주었습니다.
나는 나의 님을 힘껏 껴안았습니다.
나의 팔이 나의 가슴을 아프도록 다칠 때에 나의 두 팔
에 베어진 허공은 나의 팔을 뒤에 두고 이어졌습니다.

생명

닻과 키를 잃고 거친 바다에 표류된 작은 생명의 배는 아직 발견도 아니 된 황금의 나라를 꿈꾸는 한 줄기 희망의 나침반이 되고 항로가 되고 순풍이 되어서 물결의 한 끝은 하늘을 치고 다른 물결의 한 끝은 땅을 치는 무서운 바다에 배질합니다.

님이여, 님에게 바치는 이 작은 생명을 힘껏 껴안아 주셔요.

이 작은 생명이 님의 품에서 으서진다 하여도 환희의 영지靈智에서 순정殉情한 생명의 파편은 최귀最貴한 보석이 되어서 조각조각이 적당히 이어져서 님의 가슴에 사랑의 휘장을 걸겠습니다.

님이여, 끝없는 사막에 한 가지의 깃들일 나무도 없는 작은 새인 나의 생명을 님의 가슴에 으서지도록 껴안아 주셔요.

그리고 부서진 생명의 조각조각에 입맞춰 주셔요.

사랑의 측량

즐겁고 아름다운 일은 양量이 많을수록 좋은 것입니다.
그런데 당신의 사랑은 양이 적을수록 좋은가 봐요.
당신의 사랑은 당신과 나의 두 사람의 사이에 있는 것입니다.
사랑의 양을 알려면 당신과 나의 거리를 측량할 수밖에 없습니다.
그래서 당신과 나의 거리가 멀면 사랑의 양이 많고, 거리가 가까우면 사랑의 양이 적을 것입니다.
그런데 적은 사랑은 나를 웃기더니 많은 사랑은 나를 울립니다.

뉘라서 사람이 멀어지면 사랑도 멀어진다고 하여요.
당신이 가신 뒤로 사랑이 멀어졌으면 날마다 날마다 나를 울리는 것은 사랑이 아니고 무엇이어요.

행복

나는 당신을 사랑하고 당신의 행복을 사랑합니다. 나는 온 세상 사람이 당신을 사랑하고 당신의 행복을 사랑하기를 바랍니다.
그러나 정말로 당신을 사랑하는 사람이 있다면 나는 그 사람을 미워하겠습니다. 그 사람을 미워하는 것은 당신을 사랑하는 마음의 한 부분입니다.
그러므로 그 사람을 미워하는 고통도 나에게는 행복입니다.

만일 온 세상 사람이 당신을 미워한다면 나는 그 사람을 얼마나 미워하겠습니까.
만일 온 세상 사람이 당신을 사랑하지도 않고 미워하지도 않는다면 그것은 나의 일생에 견딜 수 없는 불행입니다.
만일 온 세상 사람이 당신을 사랑하고자 하여 나를 미워한다면 나의 행복은 더 클 수가 없습니다.
그것은 모든 사람이 나를 미워하는 원한의 두만강이 깊을수록 나의 당신을 사랑하는 행복의 백두산이 높아지는 까닭입니다.

사랑의 존재

사랑을 '사랑' 이라고 하면 벌써 사랑은 아닙니다.
사랑을 이름지을 만한 말이나 글이 어디 있습니까.
미소에 눌려서 괴로운 듯한 장밋빛 입술인들 그것을 스칠 수가 있습니까.
눈물의 뒤에 숨어서 슬픔의 흑암면黑闇面을 반사하는 가을 물결의 눈인들 그것을 비칠 수가 있습니까.
그림자 없는 구름을 거쳐서 메아리 없는 절벽을 거쳐서 마음이 갈 수 없는 바다를 거쳐서 존재? 존재입니다.
그 나라는 국경이 없습니다. 수명壽命은 시간이 아닙니다.
사랑의 존재는 님의 눈과 님의 마음도 알지 못합니다.
사랑의 비밀은 다만 님의 수건에 수놓는 바늘과, 님이 심으신 꽃나무와 님의 잠과 시인의 상상과 그들만이 압니다.

님의 손길

님의 사랑은 강철을 녹이는 불보다도 뜨거운데, 님의 손길은 너무 차서 한도限度가 없습니다.
나는 이 세상에서 서늘한 것도 찬 것도 보았습니다. 그러나 님의 손길같이 찬 것은 볼 수가 없습니다.

국화 핀 서리 아침에 떨어진 잎새를 울리고 오는 가을바람도 님의 손길보다는 차지 못합니다.
달이 작고 별에 뿔나는 겨울밤에 얼음 위에 쌓인 눈도 님의 손길보다는 차지 못합니다.
감로甘露와 같이 청량한 선사禪師의 설법도 님의 손길보다는 차지 못합니다.
나의 작은 가슴에 타오르는 불꽃은 님의 손길이 아니고는 끌 수가 없습니다.
님의 손길의 온도를 측량할 만한 한난계寒暖計는 나의 가슴밖에는 아무 데도 없습니다.
님의 사랑은 불보다도 뜨거워서 근심산山을 태우고 한恨바다를 말리는데 님의 손길은 너무도 차서 한도가 없습니다.

해당화

당신은 해당화 피기 전에 오신다고 하였습니다. 봄은 벌써 늦었습니다.
봄이 오기 전에는 어서 오기를 바랐더니 봄이 오고 보니 너무 일찍 왔나 두려합니다.

철모르는 아이들은 뒷동산에 해당화가 피었다고 다투어 말하기로 듣고도 못 들은 체하였더니
야속한 봄바람은 나는 꽃을 불어서 경대 위에 놓입니다 그려.
시름없이 꽃을 주워서 입술에 대고 "너는 언제 피었니" 하고 물었습니다.
꽃은 말도 없이 나의 눈물에 비쳐서 둘도 되고 셋도 됩니다.

비

비는 가장 큰 권위를 가지고 가장 좋은 기회를 줍니다.
비는 해를 가리고 하늘을 가리고 세상 사람의 눈을 가립니다.
그러나 비는 번개와 무지개를 가리지 않습니다.

나는 번개가 되어 무지개를 타고 당신에게 가서 사랑의 팔에 감기고자 합니다.
비오는 날 가만히 가서 당신의 침묵을 가져온대도 당신의 주인은 알 수가 없습니다.

만일 당신이 비오는 날에 오신다면 나는 연蓮잎으로 웃옷을 지어서 보내겠습니다.
당신이 비오는 날에 연잎 옷을 입고 오시면 이 세상에는 알 사람이 없습니다.
당신이 비 가운데로 가만히 오셔서 나의 눈물을 가져가신대도 영원한 비밀이 될 것입니다.
비는 가장 큰 권위를 가지고 가장 좋은 기회를 줍니다.

떠날 때의 님의 얼굴

꽃은 떨어지는 향기가 아름답습니다.
해는 지는 빛이 곱습니다.
노래는 못 마친 가락이 묘합니다.
님은 떠날 때의 얼굴이 더욱 어여쁩니다.
떠나신 뒤에 나의 환상의 눈에 비치는 님의 얼굴은
눈물이 없는 눈으로 바로 볼 수가 없을 만큼
어여쁠 것입니다
님의 떠날 때의 어여쁜 얼굴을
나의 눈에 새기겠습니다.
님의 얼굴은 나를 울리기에는 너무도 야속한 듯
하지만, 님을 사랑하기 위하여는
나의 마음을 즐겁게 할 수가 없습니다.
만일 그 어여쁜 얼굴이 영원히 나의 눈을 떠난다면
그때의 슬픔은 우는 것보다도 아프겠습니다.

소중한 사람앞에 놓아주고 싶은
한국의 애송시

초판 1쇄 발행 | 2011년 6월 10일
초판 5쇄 발행 | 2014년 10월 20일

엮은이 | 이정미
편집 주간 | 박선규

펴낸곳 | 글로북스
펴낸이 | 박경준
디자인 | 김영숙
마케팅 | 최용현

등록번호 | 제15-522호
등록일 | 2001년 7월 2일
주소 | 서울 마포구 서교동 444-15